✦ 초등학생이 알아야 할 한국사 인물 100명!

설민석의 초등
한국사
독해

왜?

왜 한국사와 독해일까요?

한국사는 독해와 떼려야 뗄 수 없는 과목이기 때문이에요.

5학년이 되면 학교에서 본격적으로 한국사를 배우기 시작해요.
한국사에서는 다양한 역사적 사건·제도·문화 등이 소개되며
낯선 어휘들이 쏟아지기 시작하죠.
독해의 기본이 되는 어휘력이 부족하면 당연히 한국사의 전체적인
흐름을 파악하는 것도 매우 어렵겠죠?

긴 문장을 '정확하게 제대로' 읽는 것이 무엇보다 중요해요.

대부분의 한국사 교재는 방대한 역사적 사건이나 흐름을 설명하기 위해
서술형으로 되어 있어요. 독해력이 향상되면 복잡한 내용을 쉽게
이해하고, 요점을 빠르게 파악할 수 있어요.
독해력이 부족하다면? 중요한 내용과 그렇지 않은 것을 구분하기
힘들기 때문에 학습의 효율이 크게 떨어지게 돼요.

설쌤은 고민했습니다.
한국사를 부담 없이 시작하고, 동시에 독해력까지 키울 수는 없을까?
그 고민의 결과는?

**재미있는 이야기를 통해 한국사 기초 지식을 익히고,
동시에 독해 실력까지 향상시켜주자!**

설쌤의 기나긴 고민의 결과물을 여러분께 선보입니다.
이제 여러분의 손에 달려 있어요. 설쌤이 늘 함께 하겠습니다!

한국사와 독해력! 동시에 잡아요!

한국사 인물 100명의 이야기를 시대순으로 구성했어요.
재미있게 이야기를 읽으며,
한국사 지식과 독해력을 모두 잡아 봅시다.

1권
우리 역사의 시작 ~ 고대

2권
통일 신라와 발해~고려

3권
조선

4권
일제 강점기~현대

한국사 지식 UP!
독해력도 UP!

이 책의 특장점

어휘 > 한국사 > 독해 3단계 학습전략

어휘
기본 어휘
예습 및 활용

➡

한국사
재미난 한국사
인물 이야기로
지식 습득

➡

독해완성
다양한 문제와
구조도로 마무리,
독해 실력 강화!

여러분에게 조금 더 많은 이야기를 들려주고 싶을 때
설쌤의 영상 QR코드를 넣어두었어요.
QR코드가 보인다면 접속해보세요!

04 한국 역사상 가장 위대한 왕 세종

1418년 세종 즉위
1443년 훈민정음 창제
1450년 문종 즉위

어휘 미리보기

총명
보거나 들은 것을 오래 기억하는
힘이 있음. 또는 그 힘.

표현
느낌이나 생각 등을 말, 글, 몸짓
등으로 나타내어 겉으로 드러냄.

기술
과학 이론을 실제로 적용하여 인
간 생활에 쓸모가 있게 하는 수단.

발명품
아직까지 없었던 물건을 새로 생
각하여 만들어 낸 것.

약재
약을 짓는 데 쓰는 재료.

칭호
어떠한 뜻으로 부르거나 말하는
이름.

설쌤 강의 보기

어휘 사용하기

평강아!
오늘 과학 시간에 여러 가지
발명품에 대해 배웠어.

재미있었겠다.
인상 깊은 발명품이 있었어?

응, 인공지능 기술을 활용한 발명품!

사람의 표정을 보고 그 마음을 그림으로
표현해 주는 기계야!

우아, 그런 기계를 발명하는 사람들은
정말 총명한 것 같아.

우리가 글을 읽고 쓸 수 있는 건 한글을 만든 세종 대왕 덕분이야!
세종 대왕은 무슨 이유로 한글을 만들었을까?

아들 세종은 태종의 셋째 아들로, 원래는 왕이 될 수 없었어. 아무도 세종이 ... 하고 생각하지 않았지. 그런데 태종의 첫째 아들인 세자가 학문을 게을리하고 ... 하자, 태종은 고민 끝에 세자를 바꾸기로 했어. 결국 총명하고 학문에 관심 많 ... 이 세자가 되었지. 세종은 세자가 된 지 얼마 지나지 않아 바로 왕위에 올랐어.

훈민정음 세자로서 왕이 될 준비를 충분히 하지 못했던 세종은 걱정이 많았어. 세종은 나라와 백성을 위해 자신이 무엇을 할 수 있을까 늘 고민했지.
"나라말이 중국과 다르니, 백성들이 하고 싶은 말이 있어도 한자로는 뜻을 그 펼치기 어렵구나."

◎ 훈민정음

이때 조선은 중국 글자인 한자를 사용했거든. 그런데 우리 말을 한자로 표현하기에는 너무 어렵고 복잡했어, 한자는 백성들이 배우기에도 쉽지 않았지. 이를 안타깝게 여긴 세종은 백성들을 위해 우리나라만의 글자를 만들었어. 그게 바로 오늘날의 한글인 '훈민정음'이야! 훈민정음은 '백성을 가르치는 바른 소리'라는 뜻이지.

백성을 위한 마음 세종은 한글을 만든 것 외에도 백성들을 위해 많은 일을 했어. 세종은 과학 기술에도 관심이 많았는데, 백성들의 농사에 도움이 되는 여러 발명품들이 세종 때 만들어졌지. 그리고 우리나라 현실에 알맞은 책들도 만들었어. 농사법을 정리한 책, 약재를 정리한 책 등 여러 가지가 있지.

이렇듯 많은 일을 했던 세종을 우리는 '세종 대왕'이라고 부르고 있어. '대왕'은 대단한 업적을 남긴 왕에게 붙이는 칭호야. 고구려의 광개토 대왕처럼 말이야!

어휘 어휘부터 알아보자!

이야기에 등장하는 중요 어휘를 먼저 알아볼게요.
어휘를 미리 익히면 설쌤의 이야기가 더 쉽게 이해될
거예요.
어휘력이 향상되면 방대한 한국사의 흐름도 문제 없어요.

한국사 설쌤의 한국사 인물 이야기!

초등학생이라면 꼭 알아야 할 100명의 역사 인물로
이야기를 구성했어요.
각 문단의 첫머리에서 해당 문단의 핵심 주제를 확인할 수
있어요. 핵심 주제를 바탕으로 내용을 정확하게 파악하는
것이 중요해요.

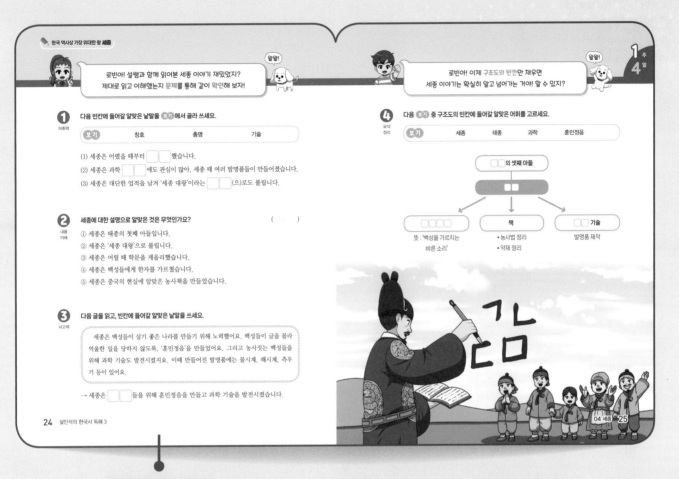

독해완성 다양한 유형의 문제와 구조도로 독해력 완성!

❶ [어휘력]-[내용이해]-[사고력]으로 구성된 문제를 통해 오늘 살펴본 어휘와 설쌤의 한국사 이야기를 제대로 파악했는지 확인해 봅시다.

❷ 마지막으로 오늘의 인물 이야기를 구조도로 머릿속에 깔끔하게 정리하면 끝!

역사를 들여다보면
같은 시대에 살면서 비슷한 꿈을
가진 사람들이 있었어요.
하지만 서로 다른 목표를 가지고
있어서 싸운 사람들도 있었죠.
매주 <생각 키우기 인물PLUS>에서
역사 속 유명인들의 흥미로운 관계를
함께 알아보아요.

이 책의 차례

<정답과 도움말>은 책 안에 별도의 책으로 드려요!

1권, 2권, 4권 살펴보기

1권

		01	02	03	04	05	인물PLUS
1주		단군왕검	동명성왕	온조	박혁거세	김수로	김수로VS석탈해
2주		06	07	08	09	10	인물PLUS
		석탈해	김알지	근초고왕	무령왕	을파소	근초고왕VS고국원왕
3주		11	12	13	14	15	인물PLUS
		광개토 대왕	장수왕	진흥왕	우륵	온달	성왕VS진흥왕
4주		16	17	18	19	20	인물PLUS
		을지문덕	원효	의상	선덕 여왕	무열왕	원효와 의상
5주		21	22	23	24	25	인물PLUS
		문무왕	김유신	연개소문	계백	의자왕	김유신VS계백

2권

		01	02	03	04	05	인물PLUS
1주		신문왕	대조영	장보고	최치원	견훤	견훤VS왕건
2주		06	07	08	09	10	인물PLUS
		궁예	왕건	광종	서희	강감찬	서희와 강감찬
3주		11	12	13	14	15	인물PLUS
		최충	윤관	의천	김부식	일연	김부식과 일연
4주		16	17	18	19	20	인물PLUS
		정지상	최충헌	만적	삼별초	안향	최충헌VS만적
5주		21	22	23	24	25	인물PLUS
		공민왕	신돈	문익점	최영	정몽주	공민왕과 신돈

4권

		01	02	03	04	05	인물PLUS
1주		지석영	박은식	최재형	나철	서재필	박은식과 백남운
2주		06	07	08	09	10	인물PLUS
		이회영	홍범도	헐버트	김구	주시경	안창호와 신채호
3주		11	12	13	14	15	인물PLUS
		안창호	한용운	신채호	안중근	김좌진	안중근과 최재형
4주		16	17	18	19	20	인물PLUS
		방정환	유관순	나운규	이봉창	윤봉길	이봉창과 윤봉길
5주		21	22	23	24	25	인물PLUS
		이중섭	이육사	전형필	이승만	장기려	이육사와 윤동주

1

주

	1 일	**2** 일
주제	**이성계** 조선을 건국한 태조 	**정도전** 고려는 끝났다! 새 왕조를 설계하다 
학습 계획	☐ 월 ☐ 일	☐ 월 ☐ 일
학습 확인	☆ ☆ ☆	☆ ☆ ☆

이번 주에 만날 인물 5명의 특징을
제목으로 먼저 살펴보자.

3일

태종
500년
조선 역사의
기반을 다지다

□월 □일

☆ ☆ ☆

4일

세종
한국 역사상
가장 위대한
왕

□월 □일

☆ ☆ ☆

5일

장영실
신분을 뛰어넘고
발명왕이 되다

□월 □일

☆ ☆ ☆

01 조선을 건국한 태조 이성계

1388년
위화도 회군

1392년
조선 건국

1408년
이성계 사망

어휘 미리보기

명중
화살이나 총알 따위가 겨냥한 곳에 바로 맞음.

해안가
바닷물과 땅이 서로 닿은 곳이나 그 근처.

한시름
큰 걱정.

점령
어떤 장소를 차지하여 자리를 잡음.

말년
일생의 마지막 무렵.

의욕
무엇을 하고자 하는 적극적인 마음이나 욕망.

어휘 사용하기

평강아! 이번 여름에 강원도 해안가에서 활쏘기 대회가 열린다고 해!

정말?
그러고 보니 온달이 아버지께서 대회에 참가할 거라고 하지 않았어?

맞아!
우리 아버지는 벌써부터 의욕이 넘치셔!

모두 과녁에 명중시키겠다고 열심히 연습 중이시거든.

그렇게 열심히 연습하시다니.
온달이 아버지가 1등 하실 것 같아!

이성계가 새로운 나라 조선을 세우고, 조선의 제1대 왕이 되었어.
하지만 아들들 때문에 불행한 말년을 보냈다고 해.

이성계의 활약 홍건적과 왜구가 고려 백성들을 괴롭히고 있을 때였어. 이성계는 최영과 함께 홍건적과 왜구들을 물리치며 크게 활약했지. 특히 지리산 부근 황산 지역에서 왜구를 크게 물리쳤는데, 이때 이성계는 뛰어난 활 솜씨로 왜구의 우두머리를 명중했어. 왜구 때문에 많은 피해를 받던 해안가 백성들도 이성계 덕분에 걱정을 한시름 덜 수 있었어. 이로 인해 이성계는 백성들에게 많은 지지를 받았지. 이후 이성계가 전투에서 활약할수록 권력이 점점 커져 갔어.

조선 건국 한편, 이성계는 요동 정벌을 주장하는 최영과 갈등을 겪게 되었어. 최영은 명나라 땅인 요동을 공격해 정벌해야 한다고 주장했지만, 이성계는 강하게 반대했지. 고려가 요동 정벌에 실패할 가능성이 높고, 군사들과 백성들이 피해를 입는다는 등의 이유로 말이야.

하지만 최영은 왕을 설득했고, 이성계는 요동으로 가야 했어. 결국 이성계는 요동으로 가던 중 위화도에서 군사를 되돌려 개경으로 쳐들어갔어. 그리고 개경을 점령한 후 왕과 최영을 죽이고 권력을 잡았지. 4년 뒤, 이성계는 새로운 나라 조선을 세우고 조선의 제1대 왕에 올랐어.

불행한 말년 안타깝게도, 이성계의 말년은 그다지 행복하지 못했어. 이성계의 아들들끼리 권력 다툼을 하게 되거든. 이 과정에서 이성계가 아끼는 아들과 신하도 죽고 말았어. 상심한 이성계는 모든 의욕이 사라졌던 걸까? 이성계는 왕위를 둘째 아들에게 물려주고 고향으로 떠나버렸어. 시간이 흘러 이성계는 궁궐로 다시 돌아와서 조용한 나날을 보내며 남은 생을 마쳤어.

로빈아! 설쌤과 함께 읽어본 이성계 이야기 재밌었지?
제대로 읽고 이해했는지 **문제**를 통해 같이 **확인**해 보자!

왈왈!

1
어휘력

다음 뜻풀이에 알맞은 낱말을 (보기)에서 골라 쓰세요.

보기	명중	점령	의욕

(1) 어떤 장소를 차지하여 자리를 잡음. ( )

(2) 무엇을 하고자 하는 적극적인 마음이나 욕망. ( )

(3) 화살이나 총알 따위가 겨냥한 곳에 바로 맞음. ( )

2
내용
이해

이성계에 대한 설명으로 알맞은 것은 O에 표시하고, 알맞지 않은 것은 X에 표시하세요.

(1) 이성계는 홍건적과 왜구를 물리치며 활약했습니다. (O / X)

(2) 이성계는 요동을 정벌해야 한다고 주장했습니다. (O / X)

(3) 이성계는 조선을 세우고 첫 번째 왕이 되었습니다. (O / X)

3
사고력

다음 글을 읽고 이성계가 조선의 도읍을 한양으로 옮긴 이유로 옳지 않은 것을 고르세요.

( )

> 이성계는 조선을 세우고, 한양을 도읍으로 삼았어요. 한양은 나라의 중심이었으므로 어느 지역이든 쉽게 갈 수 있고 한강을 이용하여 배로 물건을 옮길 수도 있었어요. 또한 넓은 들판이 있어서 백성들이 농사를 짓기에도 적합했지요. 뿐만 아니라, 산들로 둘러싸여 있어서 적들의 침입을 막는 데에도 좋은 위치였답니다.

① 한강을 이용할 수 있었기 때문입니다.

② 다른 지역으로 이동하기 쉬웠기 때문입니다.

③ 산들로 둘러싸여 적들의 침입을 막을 수 있었기 때문입니다.

④ 바닷가가 바로 옆에 있어 물고기를 잡을 수 있었기 때문입니다.

⑤ 백성들이 농사를 짓기에 적합한 넓은 들판이 있었기 때문입니다.

로빈아! 이제 **구조도의 빈칸**만 채우면
이성계 이야기는 확실히 알고 넘어가는 거야! 할 수 있지?

왈왈!

4 다음 보기 중 구조도의 빈칸에 들어갈 알맞은 어휘를 고르세요.

요약
정리

보기   조선   이성계   위화도

☐☐☐

☐☐☐ 회군

최영 제거 ⟶ ☐☐ 건국

위화도

이성계   최영   우왕

02

고려는 끝났다! 새 왕조를 설계한
정도전

설쌤 강의 보기

1392년	1395년	1398년
조선 건국	경복궁 창건	이방원에 의해 사망

어휘 미리보기

체 계
일정한 원리에 따라 낱낱의 부분이 잘 짜여져 통일된 전체.

설 계
앞으로 할 일에 대하여 계획을 세움. 또는 그 계획.

건 설
나라나 조직을 새로 만드는 것.

명 당
풍수지리에서, 자손에게 장차 좋은 일이 많이 생기게 된다는 좋은 집이나 무덤의 자리.

작 품
예술 창작 활동으로 얻어지는 제작물.

좌 절
마음이나 기운이 꺾임.

어휘 사용하기

우리 아빠가 집을 새로 설계하고 계신대!

와! 그럼 아빠가 직접 체계적으로 건설하시는 거야?

응! 멋진 작품을 만들고 싶다고 하시더라.

정말 멋지다! 나도 그런 집에서 살고 싶어.

근데 엄청 힘들어서 가끔 좌절하시는 것 같기도 해.

> 정도전은 이성계를 도와 조선을 세우는 데 큰 공을 세웠어.
> 하지만 이성계의 아들 **이방원**에 의해 죽임을 당하고 말았지.

조선의 설계자 이성계는 새로운 나라 조선을 세웠어. 새로운 나라를 세웠으니 새로운 제도와 체계가 필요했지. 이때 이성계를 도와 조선의 기틀을 마련한 인물이 바로 정도전이야. 정도전은 이성계가 조선을 세우고 설계하는 데 큰 도움을 주었지.

경복궁
근정전

한양 건설 이성계와 정도전은 고려의 수도인 개경에서 벗어나 새로운 수도를 건설하고자 했어. 풍수지리설에 따라 명당인 한양으로 수도를 옮겼지. 한양은 오늘날의 서울이야.

정도전은 한양의 궁궐, 시장, 도로 등을 계획하며 수도 건설을 담당했어. 게다가 각 건물의 이름까지도 직접 지었지. '큰 복을 누리다.'라는 뜻의 경복궁, '부지런히 정치하다.'라는 뜻의 근정전 등의 이름도 정도전이 직접 지은 거야. 이렇듯 조선의 수도인 한양은 사실상 정도전의 작품이라고 할 수 있지.

정도전의 좌절 하지만 조선의 발전을 향한 정도전의 꿈은 이성계의 다섯째 아들 이방원에 의해서 좌절되고 말았어. 두 사람은 추구하는 바가 아예 달랐거든. 정도전은 왕권에 어느 정도 제한을 두려 했지만, 이방원은 강력한 왕권을 추구했지. 조선을 세우는 데 역할이 컸던 이방원은 자신이 아닌 막냇동생 이방석이 세자가 되자 크게 불만을 품었어. 결국 그는 세자 이방석을 비롯해서 여러 신하들을 죽였어(왕자의 난). 이때 정도전도 함께 죽임을 당한 거야. 조선을 설계했던 정도전은 허무하게 죽고 말았지.

로빈아! 설쌤과 함께 읽어본 정도전 이야기 재밌었지?
제대로 읽고 이해했는지 **문제**를 통해 같이 **확인**해 보자!

 왈왈!

 1 다음 낱말에 알맞은 뜻풀이를 선으로 이으세요.

어휘력

(1) 설계 •

(2) 좌절 •

(3) 작품 •

• ㉠ 앞으로 할 일에 대하여 계획을 세움. 또는 그 계획.

• ㉡ 꾸며서 만든 일을 비유적으로 이르는 말.

• ㉢ 마음이나 기운이 꺾임.

 2 이야기의 내용을 알맞게 말한 친구의 이름을 쓰세요.

내용
이해

> 우진: 정도전은 이방석을 지지하지 않았습니다.
> 민호: 정도전은 조선을 세우는 것을 반대하였습니다.
> 나래: '경복궁', '근정전'은 정도전이 지은 이름입니다.

(   )

 3 다음 글을 읽고 표의 빈칸에 들어갈 알맞은 낱말을 쓰세요.

사고력

> 정도전은 이성계를 도와 조선을 세웠어요. 하지만 조선 건국 이후, 정도전과 이방원은 갈등을 겪었지요. 정도전은 왕과 신하가 조화를 이루며 나라를 다스려야 한다고 생각하였어요. 하지만 이방원은 왕권이 아주 강력한 나라를 원했지요. 결국 정도전은 이방원이 일으킨 왕자의 난에 의해 죽음을 맞이했어요.

정도전	왕과 (1) ☐☐이/가 조화를 이루는 나라
이방원	(2) ☐☐이/가 강력한 나라

(1) (   ), (2) (   )

로빈아! 이제 **구조도의 빈칸**만 채우면
정도전 이야기는 확실히 알고 넘어가는 거야! 할 수 있지?

왈왈!

4 다음 보기 중 구조도의 빈칸에 들어갈 알맞은 어휘를 고르세요.

요약
정리

보기   한양   정도전   이방원

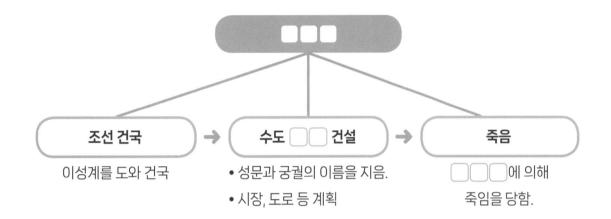

| □ □ □ |

| 조선 건국 | → | 수도 □ □ 건설 | → | 죽음 |

이성계를 도와 건국

• 성문과 궁궐의 이름을 지음.
• 시장, 도로 등 계획

□ □ □ 에 의해
죽임을 당함.

이성계   정도전   이방원

03

500년 조선 역사의 기반을 다진
태종

설쌤 강의 보기

1400년
제2차 왕자의 난

1400년
태종 즉위

1413년
호패법 시행

어휘 미리보기

역 할
맡은 일 또는 해야 하는 일.

경 계
뜻밖의 사고가 생기지 않도록 조심하여 단속함.

외 척
어머니 쪽의 친척.

누 명
사실이 아닌 일로 억울하게 얻은 나쁜 평판.

사 병
개인이 가지고 있는 군사.

비 판
현상이나 사물의 옳고 그름을 판단하여 밝히거나 잘못된 점을 지적함.

어휘 사용하기

온달아! 어제 한국사 시간에 배운 이야기 기억나?

응. 왕이랑 **외척**들이 싸우는 이야기였지?

맞아. 근데 그 **외척**들이 **누명**을 썼다고 해서 좀 안타까웠어.

그러게. 왕은 자기 힘을 나눠 주는 게 정말 싫어서 끊임없이 **경계**했던 것 같아.

응. 왕 **역할**을 하는 것도 정말 힘들었을 거야!

> 이방원은 왕자의 난을 거친 뒤 왕이 됐대!
> 왕이 된 이방원은 어떤 정책을 펼쳤는지 같이 살펴보자!

왕자의 난 이성계는 두 명의 왕후에게서 여덟 명의 아들을 두었어. 이성계는 그중 막내아들 이방석을 가장 아꼈지. 이성계가 아직 11살밖에 안 된 이방석을 세자로 세우자, 이방원은 아주 화가 났어.

"분하구나! 형제들 중에서 조선을 세우는 데 가장 큰 역할을 했던 사람이 바로 나인 것을!"

결국 이방원은 세자 이방석과 이방석을 지지했던 신하들을 모두 없애 버렸어. 이때 정도전도 이방원에 의해 목숨을 잃게 되었지. 이렇게 이성계의 아들들, 즉 왕자들 사이에서 벌어진 난을 '왕자의 난'이라고 해. 이방원은 두 차례의 왕자의 난을 통해 권력을 잡고 왕위에 올랐어.

이방원은 형의 뒤를 이어 조선의 3대 왕 태종이 되었어. 하지만 왕이 되기 위해 많은 사람들을 죽였던 탓일까? 이방원은 자신의 권력을 잃을까 봐 늘 경계했어. 그리고 아무도 왕의 자리를 넘보지 못하도록 왕권을 강화하기 위해 노력했지.

왕권 강화 이방원은 외척 세력들을 모두 제거했어. 자신에게 큰 힘이 되어 주었던 외척들에게 반역죄라는 누명을 씌웠지. 또한 신하들의 사병을 모두 없애고, 사병을 가질 수 없도록 했어. 그래서 왕의 허락 없이는 아무도 병사를 거느릴 수 없게 되었지. 왕만 병사를 거느릴 수 있었으니 당연히 왕의 힘이 강해졌겠지?

그리고 나라를 잘 다스리기 위해 새로운 제도를 실시하기도 했어. 바로 호패법이라는 제도야. 호패는 오늘날의 주민등록증과 비슷해. 사람의 이름, 출생 연도, 주소 등이 적혀 있는 신분증이지.

이방원은 형제와 신하들을 죽이는 등 지나친 왕권 강화 정책 때문에 비판을 받기도 했지만 조선이 점차 안정적으로 자리를 잡을 수 있도록 노력한 왕이기도 해.

⬆ 호패

03 태종 **19**

왈왈!

로빈아! 설쌤과 함께 읽어본 태종 이야기 재밌었지?
제대로 읽고 이해했는지 **문제**를 통해 같이 **확인**해 보자!

1 다음 낱말에 알맞은 뜻풀이를 보기 에서 골라 기호를 쓰세요.

어휘력

보기   ㉠ 어머니 쪽의 친척.
       ㉡ 맡은 일 또는 해야 하는 일.
       ㉢ 사실이 아닌 일로 억울하게 얻은 나쁜 평판.

(1) 역할 (   )   (2) 누명 (   )   (3) 외척 (   )

2 다음은 이야기에 대한 온달이와 평강이의 대화입니다. 알맞지 **않은** 것의 기호를 쓰세요.

내용
이해

온달: ㉠ 이방원은 왕자의 난을 다섯 차례나 일으켰대.

평강: ㉡ 이방원은 왕자의 난을 통해 권력을 잡고 조선의 세 번째 왕 태종이 되었지.

온달: ㉢ 태종은 외척 세력을 다 제거하고 왕권을 강화했어.

평강: 맞아. ㉣ 그리고 호패법도 실시했어!

(   )

3 다음 글에 나타난 태종에 대한 설명으로 알맞은 것을 두 가지 고르세요. (,   )

사고력

　이방원은 왕자의 난을 일으켜 권력을 잡고 조선의 3대 왕인 태종이 되었어요. 태종은 신문고를 만들어 백성들의 억울함을 풀어 주었고, 호패법을 실시하여 나라의 질서를 세웠어요. 그리고 노비를 마음대로 사고팔 수 없게 했지요. 이처럼 태종은 여러 제도들을 통해 왕권을 강화하고 나라를 튼튼하게 했어요.

① 태종은 신문고를 만들었습니다.   ② 태종은 호패법을 실시했습니다.

③ 태종은 노비 제도를 없앴습니다.   ④ 태종은 조선의 첫 번째 왕입니다.

⑤ 태종 때 왕권이 매우 약해졌습니다.

로빈아! 이제 **구조도의 빈칸**만 채우면
태종 이야기는 확실히 알고 넘어가는 거야! 할 수 있지?

왈왈!

4 다음 보기 중 구조도의 빈칸에 들어갈 알맞은 어휘를 고르세요.

요약
정리

| 보기 | 왕자 | 호패법 | 이방원 |

⬇

제1차 ☐☐의 난 + 제2차 ☐☐의 난

⬇

조선의 제3대 왕

- 왕권 강화 정책
- ☐☐☐ 실시

왕권강화

04

한국 역사상 가장 위대한 왕
세종

설쌤 강의 보기

1418년	1443년	1450년
세종 즉위	훈민정음 창제	문종 즉위

어휘 미리보기

총 명
보거나 들은 것을 오래 기억하는 힘이 있음. 또는 그 힘.

표 현
느낌이나 생각 등을 말, 글, 몸짓 등으로 나타내어 겉으로 드러냄.

기 술
과학 이론을 실제로 적용하여 인간 생활에 쓸모가 있게 하는 수단.

발 명 품
아직까지 없었던 물건을 새로 생각하여 만들어 낸 것.

약 재
약을 짓는 데 쓰는 재료.

칭 호
어떠한 뜻으로 부르거나 말하는 이름.

어휘 사용하기

평강아!
오늘 과학 시간에 여러 가지 발명품에 대해 배웠어.

재미있었겠다.
인상 깊은 발명품이 있었어?

응, 인공지능 기술을 활용한 발명품!

사람의 표정을 보고 그 마음을 그림으로 표현해 주는 기계야!

우아, 그런 기계를 발명하는 사람들은 정말 총명한 것 같아.

우리가 글을 읽고 쓸 수 있는 건 한글을 만든 세종 대왕 덕분이야!
세종 대왕은 무슨 이유로 한글을 만들었을까?

태종의 셋째 아들 세종은 태종의 셋째 아들로, 원래는 왕이 될 수 없었어. 아무도 세종이 왕이 될 거라고 생각하지 않았지. 그런데 태종의 첫째 아들인 세자가 학문을 게을리하고 놀기를 좋아하자, 태종은 고민 끝에 세자를 바꾸기로 했어. 결국 총명하고 학문에 관심 많은 세종이 세자가 되었지. 세종은 세자가 된 지 얼마 지나지 않아 바로 왕위에 올랐어.

↟ 훈민정음

훈민정음 세자로서 왕이 될 준비를 충분히 하지 못했던 세종은 걱정이 많았어. 세종은 나라와 백성을 위해 자신이 무엇을 할 수 있을지 늘 고민했지.

"나라말이 중국과 다르니, 백성들이 하고 싶은 말이 있어도 한자로는 뜻을 그 펼치기 어렵구나."

이때 조선은 중국 글자인 한자를 사용했거든. 그런데 우리말을 한자로 표현하기에는 너무 어렵고 복잡했어. 한자는 백성들이 배우기에도 쉽지 않았지. 이를 안타깝게 여긴 세종은 백성들을 위해 우리나라만의 글자를 만들었어. 그게 바로 오늘날의 한글인 '훈민정음'이야! 훈민정음은 '백성을 가르치는 바른 소리'라는 뜻이지.

백성을 위한 마음 세종은 한글을 만든 것 외에도 백성들을 위해 많은 일을 했어. 세종은 과학 기술에도 관심이 많았는데, 백성들의 농사에 도움이 되는 여러 발명품들이 세종 때 만들어졌지. 그리고 우리나라 현실에 알맞은 책들도 만들었어. 농사법을 정리한 책, 약재를 정리한 책 등 여러 가지가 있지.

이렇듯 많은 일을 했던 세종을 우리는 '세종 대왕'이라고 부르고 있어. '대왕'은 대단한 업적을 남긴 왕에게 붙이는 칭호야. 고구려의 광개토 대왕처럼 말이야!

로빈아! 설쌤과 함께 읽어본 세종 이야기 재밌었지?
제대로 읽고 이해했는지 **문제**를 통해 같이 **확인**해 보자!

왈왈!

1 다음 빈칸에 들어갈 알맞은 낱말을 보기 에서 골라 쓰세요.

어휘력

보기	칭호	총명	기술

(1) 세종은 어렸을 때부터 ☐☐했습니다.

(2) 세종은 과학 ☐☐에도 관심이 많아, 세종 때 여러 발명품들이 만들어졌습니다.

(3) 세종은 대단한 업적을 남겨 '세종 대왕'이라는 ☐☐(으)로도 불립니다.

2 세종에 대한 설명으로 알맞은 것은 무엇인가요?　　　　　　　　　(　　)

내용
이해

① 세종은 태종의 첫째 아들입니다.

② 세종은 '세종 대왕'으로 불립니다.

③ 세종은 어릴 때 학문을 게을리했습니다.

④ 세종은 백성들에게 한자를 가르쳤습니다.

⑤ 세종은 중국의 현실에 알맞은 농사책을 만들었습니다.

3 다음 글을 읽고, 빈칸에 들어갈 알맞은 낱말을 쓰세요.

사고력

> 세종은 백성들이 살기 좋은 나라를 만들기 위해 노력했어요. 백성들이 글을 몰라 억울한 일을 당하지 않도록, '훈민정음'을 만들었어요. 그리고 농사짓는 백성들을 위해 과학 기술도 발전시켰지요. 이때 만들어진 발명품에는 물시계, 해시계, 측우기 등이 있어요.

→ 세종은 ☐☐들을 위해 훈민정음을 만들고 과학 기술을 발전시켰습니다.

왈왈!

로빈아! 이제 **구조도의 빈칸**만 채우면
세종 이야기는 확실히 알고 넘어가는 거야! 할 수 있지?

4

다음 보기 중 구조도의 빈칸에 들어갈 알맞은 어휘를 고르세요.

보기   세종   태종   과학   훈민정음

□□의 셋째 아들

□□

뜻 : '백성을 가르치는
바른 소리'

책
• 농사법 정리
• 약재 정리

□□ 기술
발명품 제작

05

신분을 뛰어넘고 발명왕이 된
장영실

1390년	1434년	1442년
장영실 출생	자격루 발명	장영실 파직

어휘 미리보기

벼 슬
관아에 나가서 나랏일을 맡아 다스리는 자리.

신 임
믿고 일을 맡김. 또는 그 믿음.

보 답
남의 호의나 은혜를 갚음.

관 찰
사물이나 현상을 주의하여 자세히 살펴봄.

측 정
일정한 양을 기준으로 하여 같은 종류의 다른 양의 크기를 잼.

자 동
기계 등이 일정한 장치에 의해 스스로 작동함.

어휘 사용하기

평강아!
나 여름 방학 때 바다에 갔다 왔어!
바닷속에 있는 물고기들을 관찰했는데 정말 크더라고!

우와!
재밌었겠네!
물고기는 얼마나 컸어?

음, 정확한 크기는 알 수 없지만 30cm는 넘는 것 같았어!

대박! 엄청 컸겠다!
그런데 말이야, 물고기를 눈으로 보기만 해도 자동으로 그 길이를 측정해 주는 기계가 만들어지면 정말 재밌을 것 같지 않아?

> 장영실 덕분에 세종 때 과학 기술이 눈에 띄게 발전했다고 해!
> 장영실이 만든 발명품들은 어떤 것들일까?

세종의 신임 장영실은 어릴 때부터 손재주가 뛰어나고 고장 난 물건도 뚝딱뚝딱 잘 고 쳤어. 마을 사람들을 놀라게 할 뿐만 아니라 나라 전체에 소문이 퍼질 정도였지. 이러한 장영실의 재능을 알아본 세종은 장영실이 마음껏 재능을 펼칠 수 있도록 도와주었어.

장영실을 중국으로 보내 과학 기술을 배우게 해 주고, 장영실이 노비 출신임에도 불구하고 벼슬을 내려 주었지. 당시에 노비가 벼슬을 얻는다는 것은 아주 놀라운 일이었 어. 낮은 신분이었던 노비는 원래 벼슬을 얻을 수 없었거 든. 그만큼 장영실은 세종에게 큰 신임을 받고 있었지.

장영실의 발명품 "전하께서 실망하시지 않도록 노력해야겠구나!"

장영실은 세종의 신임에 보답해야겠다고 생각했어. 그래서 여러 발명품들을 만들기 위 해 끊임없이 고민하고 노력했지. 결국 해와 달, 별의 움직임을 관찰할 수 있는 기구를 만 들어 냈어. 여기서 그치지 않고 장영실은 시간을 측정할 수 있는 시계도 만들었어. 바로 해시계(앙부일구)와 물시계(자격루)야!

해시계는 해의 그림자 움직임에 따라 시간을 알 수 있는 기구였어. 백성들이 많이 지 나다니는 곳에 해시계를 설치해서 많은 백성들이 시간을 확인할 수 있도록 했지. 그런데 해시계에는 아주 큰 약점이 하나 있었지 뭐야? 그건 바로 비가 오거나 구름이 많은 날에

↑ 물시계(자격루)

는 사용하기 어렵다는 것이었지.

이러한 문제를 해결하기 위해 새롭게 만든 게 바로 물시계야. 물시 계는 날씨에 상관없이 물을 이용해서 시간을 확인할 수 있었지. 심지 어 자동으로 시간을 알려 주기까지 했어. 물시계가 완성되자, 많은 백 성들이 크게 기뻐했어. 이러한 장영실의 발명품 덕분에 세종 때 과학 기술이 크게 발전할 수 있었지. 🙂

로빈아! 설쌤과 함께 읽어본 장영실 이야기 재밌었지?
제대로 읽고 이해했는지 **문제**를 통해 같이 **확인**해 보자!

왈왈!

① 다음 뜻풀이에 알맞은 낱말을 보기에서 골라 쓰세요.

어휘력

보기	신임	보답	관찰

(1) 남의 호의나 은혜를 갚음. ( )

(2) 사물이나 현상을 주의하며 자세히 살펴봄. ( )

(3) 믿고 일을 맡김. 또는 그 믿음. ( )

② 이야기의 내용을 알맞게 말하지 못한 친구의 이름을 쓰세요.

내용
이해

선주: 장영실은 해시계와 물시계를 발명했습니다.

미소: 장영실은 노비 출신이라 벼슬을 얻지 못했습니다.

재희: 장영실의 발명품 덕분에 세종 때 과학 기술이 발전했습니다.

( )

③ 다음 글을 읽고 장영실이 만들지 않은 것을 고르세요. ( )

사고력

장영실은 별의 움직임을 살피고 이를 기록할 수 있는 기구를 만들라는 명령을 받았어요. 노력 끝에 장영실은 간의와 혼천의를 만들어 냈어요. 간의와 혼천의는 해와 달, 별 등의 위치나 움직임을 살피고 기록하는 기구이지요. 또 장영실은 앙부일구와 자격루를 만들어서 사람들이 시간을 알 수 있게 했어요.

① 간의 ② 혼천의

③ 가야금 ④ 자격루

⑤ 앙부일구

월왈!

로빈아! 이제 **구조도의 빈칸**만 채우면
장영실 이야기는 확실히 알고 넘어가는 거야! 할 수 있지?

4 다음 보기 중 구조도의 빈칸에 들어갈 알맞은 어휘를 고르세요.

요약
정리

보기   장영실   앙부일구   자격루

세종   →   ▢▢▢   ▢▢▢▢**발명**
                                              해시계
              • 뛰어난 손재주
              • 노비 출신   ▢▢▢**발명**
                                              물시계
     • 중국에 유학을 보내줌.
     • 벼슬을 내림.

" 역사의 소용돌이 속에서
다른 길을 갔던 두 인물 "

정몽주는 쓰러져 가는 고려를 마지막까지 지키려 했던 충신이야. 학문적으로도 대단히 뛰어났다고 해. 스승이었던 이색은 정몽주를 누구보다 부지런하고 뛰어나다고 칭찬했고, 정몽주와 개혁에 대한 뜻이 달랐던 정도전마저도 정몽주의 능력만큼은 인정하여 존경의 마음을 표현했다고 전하지.

정몽주

출생	1337년
사망	1392년
한 줄 요약	고려의 마지막 충신
연관 키워드	온건파 오로지 고려 성리학 사림의 원조

정도전은 새 왕조를 여는 것만이
백성을 위하는 길이라고 생각했어.
정도전은 결국 이성계를 도와 조선을
건국하는 데 성공했지만, 제1차 왕자의 난 때
이방원 세력에게 죽임을 당하고 말아.
이방원은 왕의 힘이 강력한 나라를 추구했던
반면, 정도전은 왕과 신하의 힘이
조화를 이루는 나라를 추구했거든.

정도전

출생	1342년
사망	1398년
한 줄 요약	조선의 설계자
연관 키워드	급진파 역성혁명 왕권·신권의 조화 훈구의 원조

2주

주

1일

주제

이황
천 원 지폐
속의 주인공,
동방의 주자

**학습
계획**

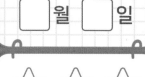

| 월 | 일 |

**학습
확인**

☆ ☆ ☆

2일

신사임당
뛰어난
예술가이자
훌륭한 어머니

| 월 | 일 |

☆ ☆ ☆

이번 주에 만날 인물 5명의 특징을
제목으로 먼저 살펴보자.

3일

이이
과거 시험에서
아홉 번이나
1등한 천재

☐ 월 ☐ 일

☆ ☆ ☆

4일

류성룡
국난 극복을
위해 노력한
명재상

☐ 월 ☐ 일

☆ ☆ ☆

5일

이순신
임진왜란을
넘어 민족의
영웅이 되다

☐ 월 ☐ 일

☆ ☆ ☆

06

천 원 지폐 속의 주인공, 동방의 주자
이황

1501년	1560년	1570년
이황 출생	도산 서당 건립	이황 사망

어휘 미리보기

대 상
어떤 일의 상대 또는 목표나 목적이 되는 것.

중 시
가볍게 여길 수 없을 만큼 매우 크고 중요하게 여김.

성 리 학
중국 송나라 때 시작되어 조선 시대에 크게 유행했던, 우주의 이치와 물질의 바탕을 기본으로 하는 학설.

본 성
사람이 본디부터 가진 성질.

서 당
예전에 한문을 가르치던 곳.

전 수
기술이나 지식 따위를 전하여 받음.

어휘 사용하기

온달아!
혹시 다음 전교 회장 선거에 나가 볼 생각 있어?

물론이지.
그런데 내가 잘할 수 있을까?
전교 회장은 어떤 걸 가장 중시해야 해?
대표적으로 뭐가 있을까?

아무래도 친구들이 학교생활을 잘할 수 있도록 돕는 것이 제일 중요하겠지?
그래도 너무 걱정하지마!
내가 선거 운동을 잘할 수 있는 방법도 전수해 줄게!

고마워. 일단 전교생을 대상으로 할 자기소개를 준비해야겠어!

> 천 원 지폐에 그려져 있는 초상화의 주인공은 바로 **이황**이야.
> **이황**이 어떤 인물이었는지 같이 알아보자!

이황과 이이 조선 시대에는 두 명의 유명한 성리학자가 있었어. 바로 이황과 이이야. 천 원과 오천 원 지폐 속의 주인공이기도 하지. 이 두 명은 자주 비교 대상이 되곤 하지만 경쟁하는 사이는 아니었어. 둘 다 조선을 대표하는 성리학자로, 각자 더 중시하는 내용이 달랐을 뿐이었지. 이황은 성리학을 공부하면서 사람의 본성과 도덕을 중시한 반면, 이이는 성리학 외에 백성들의 현실적인 문제와 개혁에도 관심을 가졌거든. 이처럼 이황과 이이는 비슷한 듯 보이지만 다른 점도 많았어.

이황의 뜻 이황은 어릴 때부터 책 읽기를 좋아했어. 어린 나이였음에도 어른들도 읽기 힘들어하는 어려운 책들을 술술 읽었지. 이후, 이황은 관리가 되었지만 높은 관직에 대한 욕심보다 학문과 제자들을 가르치는 일에 더 관심이 많았어.
 "이제 그만 관직에서 물러나 제자들을 가르치고 싶습니다."
 "나라를 위해 조금 더 머무를 수는 없겠소?"
 왕의 반대에도 불구하고 이황의 뜻은 단호했어. 결국 관직에서 물러난 이황은 고향으로 내려갔지.

도산 서당 고향으로 내려간 이황은 도산 서당(지금의 도산 서원)을 지었어. 이 소식을 듣고, 이황에게 가르침을 받기 위해 전국에서 사람들이 몰려들었다고 해.

 이황은 도산 서당에서 수많은 제자들을 길러 내며 자신의 가르침을 전수했지. 게다가 이황이 쓴 책이 일본에 전해지면서 일본의 성리학 발전에도 큰 영향을 주었어.

로빈아! 설쌤과 함께 읽어본 이황 이야기 재밌었지?
제대로 읽고 이해했는지 문제를 통해 같이 확인해 보자!

 왈왈!

1
어휘력

다음 낱말과 뜻풀이가 바르게 짝 지어진 것은 O에 표시하고, 그렇지 않은 것은 X에 표시하세요.

(1) 본성 – 사람이 본디부터 가진 성질.　　　　　　　　　　　　(O / X)

(2) 대표 – 예전에 한문을 가르치던 곳.　　　　　　　　　　　　(O / X)

(3) 전수 – 기술이나 지식 따위를 전하여 받음.　　　　　　　　(O / X)

2
내용
이해

다음은 이야기에 대한 온달이와 평강이의 대화입니다. 알맞지 않은 것의 기호를 쓰세요.

평강: ㉠ 조선 시대에 유명한 성리학자로는 이황과 이이를 꼽을 수 있지.

온달: 맞아. ㉡ 이황은 사람의 본성과 도덕을 중시했어.

평강: ㉢ 이이는 성리학 외에 현실적인 문제나 개혁에도 관심이 있었어.

온달: ㉣ 이황은 높은 관직에도 아주 관심이 많았어.

(　　　　　　　　　　)

3
사고력

다음 글을 읽고 빈칸에 들어갈 알맞은 말을 쓰세요.

　관직에서 물러난 이황은 고향인 안동으로 돌아와 도산 서당을 지었어요. 이황의 가르침을 얻고자 많은 사람들이 도산 서당으로 찾아왔지요. 이황은 도산 서당에서 제자들을 가르치고, 우리나라 성리학의 발전에 도움되는 책을 썼어요. 이황은 이후 계속 고향에 머무르며 성리학 발전과 학문에 힘쓰며 지냈지요.

→ 고향으로 돌아온 이황은 [　][　][　] 발전에 힘쓰고, 제자들을 가르치며 지냈습니다.

로빈아! 이제 **구조도의 빈칸**만 채우면
이황 이야기는 확실히 알고 넘어가는 거야! 할 수 있지?

왈왈!

4 다음 [보기] 중 구조도의 빈칸에 들어갈 알맞은 어휘를 고르세요.

요약
정리

[보기] 이황 일본 도산 서당

```
┌─────────────────┐          ┌──────────────┐
│      □□         │ ───────▶ │ □□□□ 건립     │
└─────────────────┘          └──────────────┘
조선 시대의 대표적인 성리학자      • 제자를 길러 냄.
              │                  • □□ 성리학에 영향을 끼침.
              ▼
        관직에서 물러남.
```

07

뛰어난 예술가이자 훌륭한 어머니
신사임당

1485년
경국대전 완성

1504년
신사임당 출생

1551년
신사임당 사망

설쌤 강의 보기

어휘 미리보기

울상
울려고 하는 얼굴 표정.

쏜살같이
쏜 화살과 같이 매우 빠르게.

실제
있는 그대로의 상태나 사실.

자수
옷감이나 헝겊 따위에 여러 가지의 색실로 그림, 글자, 무늬 따위를 수놓는 일.

모범
본받아 배울 만한 대상.

모자
어머니와 아들.

어휘 사용하기

온달아!
왜 이리 울상이야?

숙제 안 한 걸 엄마한테 들켰거든…….

실제로는 안 했는데 했다고 거짓말
하고 쏜살같이 놀러 나가려다 결국
걸렸지. ㅠㅠ

으이그.
엄마가 뭐라고 하셨어?

동생한테 모범이 되어야 하
지 않겠냐고 하시더라고.

신사임당은 그림을 아주 잘 그렸다고 해.
심지어 꽃을 그리면 나비가 날아와 앉을 정도로 말이야.

뛰어난 화가 "앗, 안 돼! 내 그림!"

"네가 그림을 너무 잘 그렸구나."

어린 신사임당이 울상을 짓자 아버지가 달래 주었어. 신사임당이 마당에서 그림을 그리고 있었는데, 닭이 쏜살같이 달려와 그림을 쪼아 버렸거든. 닭이 신사임당이 그린 그림 속의 벌레가 진짜인 줄 알고 착각한 거야.

그림이 얼마나 실제처럼 생생했으면 이런 일이 일어났을까? 신사임당은 자수와 학문, 글솜씨도 뛰어났지만 특히 그림을 아주 잘 그렸어. 풀, 벌레, 꽃, 과일 등을 자주 그렸는데 오늘날까지 여러 작품들이 전해져 오고 있어. 오만 원 지폐의 앞면에도 신사임당의 초상화와 함께 신사임당의 그림이 실려 있지.

↑ 초충도

이이의 어머니 결혼 후 신사임당은 일곱 명의 아이를 낳았어. 신사임당은 훌륭한 어머니이기도 했지. 신사임당은 아이들을 다정하게, 때로는 엄격하게 대하며 바르게 자랄 수 있도록 교육했어.

아이들 중 몇몇은 신사임당의 재능을 물려받아서 글과 그림에 뛰어난 실력을 보였지. 특히 셋째 아들인 이이는 조선 최고의 학자로 성장했어. 그래서 신사임당은 조선 시대의 예술가일 뿐만 아니라 이이의 모범적인 어머니로도 알려져 있어.

오늘날 우리가 쓰는 지폐에 신사임당과 이이 모자가 둘 다 있다는 것도 알아 둬! 어머니인 신사임당은 오만 원 지폐에, 아들인 이이는 오천 원 지폐에서 볼 수 있지.

로빈아! 설쌤과 함께 읽어본 신사임당 이야기 재밌었지?
제대로 읽고 이해했는지 **문제**를 통해 같이 **확인**해 보자!

왈왈!

1

어휘력

다음 뜻풀이에 알맞은 낱말을 보기 에서 골라 쓰세요.

보기	모범	모자	실제

(1) 어머니와 아들. ( )

(2) 본받아 배울 만한 대상. ( )

(3) 있는 그대로의 상태나 사실. ( )

2

내용
이해

신사임당에 대한 설명으로 알맞은 것은 O에 표시하고, 알맞지 <u>않은</u> 것은 X에 표시하세요.

(1) 신사임당은 뛰어난 그림 솜씨를 가지고 있었습니다. (O / X)

(2) 신사임당은 이이의 어머니입니다. (O / X)

(3) 오늘날 신사임당은 오천 원 지폐에서 볼 수 있습니다. (O / X)

3

사고력

다음 글의 내용으로 알맞지 <u>않은</u> 것은 무엇인가요? ( )

신사임당은 풀, 벌레, 포도, 난초, 매화 등을 많이 그렸는데 마치 실제로 살아 있는 것처럼 보였답니다. 이처럼 풀과 벌레를 그린 그림을 '초충도'라고 하지요. 신사임당의 초충도는 아주 작은 풀벌레, 꽃, 나비일지라도 잘 드러나도록 묘사했어요. 또한 그림의 구도가 매우 안정적이며 묘사가 섬세하고 뛰어나다는 특징이 있어요.

① 초충도는 풀과 벌레를 그린 그림입니다.

② 신사임당의 초충도는 구도가 안정적입니다.

③ 신사임당의 초충도는 섬세한 묘사가 특징입니다.

④ 신사임당은 작은 벌레는 자세하게 그리지 않았습니다.

⑤ 신사임당은 풀과 벌레, 포도, 난초, 매화 등을 많이 그렸습니다.

왈왈!

로빈아! 이제 **구조도의 빈칸**만 채우면
신사임당 이야기는 확실히 알고 넘어가는 거야! 할 수 있지?

 4

요약
정리

다음 보기 중 구조도의 빈칸에 들어갈 알맞은 어휘를 고르세요.

보기   이이   화가   어머니   신사임당

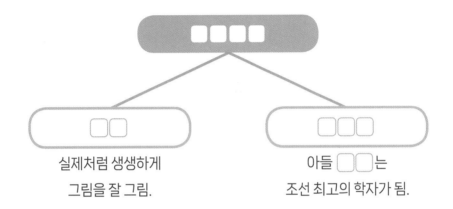

□□□□

□□   □□□
실제처럼 생생하게   아들 □□는
그림을 잘 그림.   조선 최고의 학자가 됨.

08

과거 시험에서 아홉 번이나 1등한 천재
이이

1536년
이이 출생

1575년
왕에게 『성학집요』를 바침

1584년
이이 사망

설민석의 한국사 독해 3

어휘 미리보기

특출하다
남보다 특별히 뛰어나 두드러지다.

신동
머리가 좋고 재주가 뛰어난 어린 아이.

떠들썩하다
여러 사람이 큰 소리로 시끄럽게 자꾸 떠들다.

두루
빠짐없이 골고루.

상소
임금에게 글을 올리던 일. 또는 그 글.

안주
현재의 상황이나 처지에 만족함.

어휘 사용하기

평강아!
이번에 새로 온 전학생 때문에 학교가 떠들썩해!

맞아! 들었어!

국어, 영어, 수학뿐만 아니라 모든 과목을 두루 잘한대!

전학 오기 전 학교에서도 모든 과목을 특출하게 잘해서 신동이라고 불렸대!

얼마 뒤 있을 시험에서 전학생이 1등 하겠는걸?

이이는 나라를 위해 왕에게도 거침없이 개혁을 주장했다고 해.
이이가 주장한 개혁은 무엇이었을까?

신동 이이 신사임당이 뱃속에 아이를 가졌을 때, 검은 용 한 마리가 집으로 들어오는 꿈을 꾸었어. 이 꿈을 꾼 이후에 태어난 아이가 바로 이이야. 평범한 꿈이 아니었던 만큼 이이는 어릴 때부터 눈에 띄게 특출했다고 해. 세 살 때부터 글을 읽고 쓸 정도로 아주 똑똑했던 이이는 신동이라고 불리며 자랐어. 심지어 열세 살에는 과거 시험에서 1등으로 합격했지.

"세상에! 겨우 열세 살에 이게 가능한 일인가?"

"신사임당이 도대체 어떻게 가르친 것인지 궁금하군!"

이후로도 이이는 과거 시험을 여러 번 치렀는데, 총 아홉 번이나 1등으로 합격하면서 온 나라를 떠들썩하게 했어. 이렇듯 총명했던 이이는 조선의 관리가 되어 나랏일을 하게 되었지.

이이의 개혁 이황이 관직에서 물러나 학문에 집중했던 반면, 이이는 관직을 맡아 나라의 개혁을 위해 힘썼어. 특히 백성들의 어려움을 두루 살피며 적극적으로 개혁을 할 것을 주장했지. 백성들을 힘들게 하는 세금 제도를 고쳐야 한다면서 말이야. 그리고 잘못을 저지른 신하에게 벌을 내려 달라고 상소를 올리기도 하고 왕에게는 나라를 바르게 다스려 나갈 방법이 담긴 책을 바치기도 했어.

게다가 이이는 전쟁이 일어날 것을 대비해 10만 명의 군사를 키우도록 주장했지. 그 당시에는 대부분 이이의 말을 믿지 않았지만 정말로 나중에 전쟁이 일어났어.

이처럼 이이는 현실에 안주하지 않고, 계속해서 더 나은 세상을 만들기 위해 노력했어. 이이가 죽은 후에도 많은 제자들이 이이를 따르고 존경했지.

로빈아! 설쌤과 함께 읽어본 이이 이야기 재밌었지?
제대로 읽고 이해했는지 **문제**를 통해 같이 **확인**해 보자!

왈왈!

1 다음 낱말에 알맞은 뜻풀이를 **보기** 에서 골라 기호를 쓰세요.

어휘력

> **보기**
> ㉠ 현재의 상황이나 처지에 만족함.
> ㉡ 머리가 좋고 재주가 뛰어난 어린아이.
> ㉢ 임금에게 글을 올리던 일. 또는 그 글.

(1) 상소 (   )

(2) 신동 (   )

(3) 안주 (   )

2 이이에 대한 설명으로 알맞은 것을 모두 고르세요.   (,   )

내용
이해

① 이이는 신사임당의 아들입니다.

② 이이는 백성들의 어려움을 모른 척했습니다.

③ 이이는 관직에서 물러나 학문에 집중했습니다.

④ 이이는 적극적으로 개혁을 할 것을 주장했습니다.

⑤ 이이는 나라에 전쟁이 일어날 것이라는 말을 믿지 않았습니다.

3 다음 글을 읽고 빈칸에 들어갈 알맞은 말을 쓰세요.

사고력

> 나라의 개혁에 적극적으로 힘썼던 이이는 나랏일에 대한 자신의 생각을 담은 책
> 들을 써서 왕에게 올렸어요. 또한 백성들의 어려움을 덜어 줄 제도를 건의하기도
> 하고, 백성을 올바른 길로 이끌 규범을 만들기도 했답니다.

→ 이이는 나랏일에 대한 자신의 생각을 책으로 써서 바치고 여러 제도들을 건의하며
   나라를 [   ][   ] 하고자 했습니다.

왈왈!

로빈아! 이제 **구조도의 빈칸**만 채우면
이이 이야기는 확실히 알고 넘어가는 거야! 할 수 있지?

4

요약
정리

다음 보기 중 구조도의 빈칸에 들어갈 알맞은 어휘를 고르세요.

보기   개혁   이이   신사임당

□□□□

셋째 아들

□□

백성들을 힘들게 하는
세금 제도를
개혁해야 한다고 주장함.

잘못을 저지른 신하에게
벌을 내려 달라는
상소를 올림.

10만 명의 군사를
키우도록 주장함.

09

국난 극복을 위해 노력한 명재상
류성룡

1592년
임진왜란 발생

1604년
『징비록』 저술

1607년
류성룡 사망

어휘 미리보기

지혜
삶의 이치와 옳고 그름을 잘 이해하고 판단하는 능력.

주장
자기의 의견이나 주의를 굳게 내세움. 또는 그런 의견.

수리
고장 나거나 허름한 데를 손보아 고침.

명성
사람들에게 높은 평가를 받으며 세상에 널리 알려진 이름.

집중
한 가지 일에 모든 힘을 쏟아부음.

병법
군사를 지휘하여 전쟁하는 방법.

어휘 사용하기

 온달아! 특별 활동 시간에 배운 병법 이야기는 재미있었어?

응! 너무 재미있었어.

역사상 명성이 자자한 장수들의 이야기도 같이 들으니 더 재미있더라!

 맞아. 그 사람들은 전략을 세울 때 온 신경을 집중했대.

응! 그래서 나도 공부할 땐 최고의 집중력을 발휘해 보려고!

 그래. 우리 같이 지혜롭게 공부해 보자!

류성룡은 임진왜란 때 나라의 위기를 극복하기 위해 권율, 이순신과 같은 훌륭한 장군을 추천했다고 해. 어떻게 이들을 알아볼 수 있었을까?

전쟁 대비 류성룡은 어릴 때부터 공부를 좋아하고, 지혜롭기로 유명했어. 이후 관리가 된 류성룡은 최선을 다해서 정치를 했어. 특히 바다 건너 일본의 상황이 심상치 않자, 당시 왕이었던 선조에게 전쟁에 대비해야 한다고 강력히 주장했지.

"오랫동안 자신들끼리 싸웠던 일본이 통일되었다고 합니다. 일본과 전쟁이 일어날 수 있으니 전쟁을 대비해야 합니다."

선조는 류성룡의 말을 받아들였어. 전쟁에 대비해 새로운 성을 쌓고, 원래 있던 성을 수리했지. 그리고 새로운 무기도 개발했어.

권율과 이순신 추천 성을 쌓고 새로운 무기를 개발한 류성룡은 이제 이것들을 다룰 수 있는 군인을 찾아 나섰어. 그런데 그는 유명하거나 명성이 있는 사람보다는 잘 알려져 있지 않지만 능력이 뛰어난 사람을 찾았어. 이때 류성룡이 찾은 사람이 바로 권율과 이순신이야. 류성룡은 왜 이름난 사람을 찾지 않았던 걸까? 당시 이

름난 장군들은 나라를 지키는 것보다는 동인이니 서인이니 하는 정치 싸움에 집중하고 있었기 때문이었어. 류성룡은 선조에게 이렇게 말했지.

"권율과 이순신은 책임감이 강하고, 부지런히 병법을 익히며 군사들을 따뜻하게 대하는 사람들입니다."

류성룡의 말을 들은 선조는 권율과 이순신을 높은 자리에 앉혀 나라를 지키게 했어.

『징비록』 집필 임진왜란이 끝나고 류성룡은 『징비록』이라는 책을 썼어. 전쟁 동안에 쓰인 기록들을 꼼꼼히 정리한 거야. 류성룡은 왜 이런 작업을 했을까? 전투의 기록, 전쟁의 비참함 등을 책으로 남겨 후손들이 다시는 이러한 전쟁을 겪지 않도록 하기 위한 것이었지.

로빈아! 설쌤과 함께 읽어본 류성룡 이야기 재밌었지?
제대로 읽고 이해했는지 **문제**를 통해 같이 **확인**해 보자!

왈왈!

1 다음 낱말과 뜻풀이가 바르게 짝 지어진 것은 O에 표시하고, 그렇지 <u>않은</u> 것은 X에 표시하세요.

어휘력

(1) 지혜 – 사람들에게 높은 평가를 받으며 세상에 널리 알려진 이름.　　(O / X)

(2) 주장 – 자기의 의견이나 주의를 굳게 내세움. 또는 그런 의견.　　(O / X)

(3) 집중 – 고장 나거나 허름한 데를 손보아 고침.　　(O / X)

2 다음 중 류성룡에 대한 설명으로 알맞지 <u>않은</u> 것은 무엇인가요?　　(　　　)

내용
이해

① 류성룡은 징비록이라는 책을 썼습니다.

② 류성룡은 선조에게 권율과 이순신을 추천하였습니다.

③ 류성룡은 관리가 되어 최선을 다해 정치를 했습니다.

④ 류성룡은 군인을 찾을 때, 유명한 사람들을 찾았습니다.

⑤ 류성룡은 통일된 일본을 보고, 일본과의 전쟁에 대비해야 한다고 주장했습니다.

3 다음 글의 내용을 알맞게 말하지 <u>못한</u> 친구의 이름을 쓰세요.

사고력

『징비록』은 류성룡이 쓴 책으로, 임진왜란의 상황이 자세하게 적혀 있어요. 류성룡이 두 번의 전쟁을 치르고 문제를 해결하며 얻은 경험을 바탕으로 쓴 책이기 때문에 더욱 의미가 있지요. 전투에 대한 기록뿐 아니라, 외교, 정치, 경제 등 여러 방면의 내용이 담겨 있답니다.

이나: 『징비록』은 류성룡이 쓴 책입니다.
유리: 『징비록』에는 전투에 대한 기록만 담겨 있습니다.
정민: 『징비록』에는 임진왜란 때의 상황이 적혀 있습니다.

(　　　　　)

로빈아! 이제 **구조도의 빈칸**만 채우면
류성룡 이야기는 확실히 알고 넘어가는 거야! 할 수 있지?

왈왈!

4 다음 보기 중 구조도의 빈칸에 들어갈 알맞은 어휘를 고르세요.

요약
정리

| 보기 | 일본 | 권율 | 징비록 | 이순신 |

전쟁 이전

□□의 침략
대비 주장

→ 임진왜란 →

전쟁
이후

『□□□』집필

성을 쌓고
새로운 무기 개발

• □□□ 추천
• □□ 추천

10

임진왜란을 넘어 민족의 영웅으로
이순신

| 1592년 임진왜란 발발 | 1592년 한산도 대첩 | 1597년 명량 대첩 |

어휘 미리보기

정 복
다른 민족이나 나라를 무력으로 쳐서 복종시킴.

피 신
위험을 피하여 몸을 숨김.

식 량
생존을 위하여 필요한 사람의 먹을거리.

계 략
어떤 일을 이루기 위한 꾀나 수단.

모 함
나쁜 꾀로 남을 어려운 처지에 빠지게 함.

열 세
상대편보다 힘이나 세력이 약함.

임진왜란 하면 대표적으로 떠오르는 인물 이순신!
이순신이 어떤 활약을 했는지 함께 알아볼까?

임진왜란의 시작 오랫동안 자신들끼리 싸우던 일본이 하나로 통일되었어. 그리고는 조선을 정복하기 위해 쳐들어왔지(임진왜란). 이때 일본군의 속도가 얼마나 빨랐는지 조선의 왕 선조가 국경 근처까지 피신할 정도였어. 그런데 일본군도 워낙 빠르게 진격하다 보니 식량이 부족했어. 그래서 일본 장군들은 배를 이용해 많은 식량을 전달하기로 계획했지.

🔼 판옥선

조선 수군의 활약 이때 이순신의 조선 수군이 일본 수군을 크게 물리쳤어. 이로 인해 일본 수군은 배로 식량을 보내는 것을 포기할 수밖에 없었지. 이순신에게도 시련은 있었어. 일본의 계략과 이순신을 시기하던 사람의 모함을 받아 옥에 갇힌 적이 있거든. 이순신이 없는 조선 수군은 어떻게 되었을까? 당연히 크게 패하고 말았지. 하지만 일본의 기쁨은 오래가지 못했어.

"죽고자 하면 살 것이고, 살고자 하면 죽을 것이다."

이순신이 다시 등장한 거야. 다시 등장한 이순신은 조선 수군의 열세를 극복하고 큰 승리를 거두었어.

노량 해전과 최후 전쟁이 7년 가까이 이어질 무렵, 일본군은 자신들의 땅으로 돌아가려 했어. 하지만 이순신은 돌아가려는 일본군을 '노량'이라는 바다에서 가로막았어. 이순신은 도망가려는 일본군을 공격했지. 하지만 이때 이순신이 총에 맞아 쓰러졌어. 쓰러진 이순신은 부하들에게 이렇게 마지막 말을 남겼지.

"싸움이 급하다! 나의 죽음을 적에게 알리지 마라!"

이렇게 이순신은 전쟁터에서 죽음을 맞이했지만 조선 수군은 일본군을 격파했지. 기나긴 임진왜란이 막을 내린 거야. 😊

로빈아! 설쌤과 함께 읽어본 이순신 이야기 재밌었지?
제대로 읽고 이해했는지 **문제**를 통해 같이 **확인**해 보자!

왈왈!

1 다음 빈칸에 알맞은 낱말을 보기 에서 골라 쓰세요.

어휘력

보기	피신	정복	열세

(1) 통일된 일본은 조선을 ☐☐ 하기 위해 쳐들어왔습니다.

(2) 일본군의 공격으로 인해, 선조는 국경 근처까지 ☐☐ 했습니다.

(3) 이순신은 조선 수군의 ☐☐ 에도 불구하고, 큰 승리를 거두었습니다.

2 이야기에서 일이 일어난 순서대로 기호를 쓰세요.

내용
이해

ㄱ 일본군이 조선으로 쳐들어왔습니다.

ㄴ 돌아가는 일본군을 이순신이 노량에서 공격하였습니다.

ㄷ 이순신의 활약으로, 일본군은 배로 식량을 보내는 것을 포기했습니다.

ㄹ 물러났던 이순신이 다시 돌아와 열세를 극복하고 큰 승리를 거두었습니다.

(   ) – (   ) – (   ) – (   )

3 다음 글을 읽고 거북선의 특징을 알맞게 말하지 **못한** 친구의 이름을 쓰세요.

사고력

이순신의 거북선은 많은 군사들을 태울 정도로 컸어요. 사방으로 공격할 수 있는
구조였고, 배의 윗부분에 칼과 쇠못이 꽂혀 있어 적들이 쉽게 배에 오르지 못했지요.

지민: 거북선에는 많은 사람이 탈 수 없었어요.
윤재: 거북선은 사방으로 공격할 수 있도록 만들어졌습니다.

(   )

왈왈!

로빈아! 이제 **구조도의 빈칸**만 채우면
이순신 이야기는 확실히 알고 넘어가는 거야! 할 수 있지?

4

요약
정리

다음 보기 중 구조도의 빈칸에 들어갈 알맞은 어휘를 고르세요.

보기   노량   임진   이순신

□□왜란

- 명량 · 한산도 등에서
  일본에 대승을 거둠.
- □□ 해전에서 전사

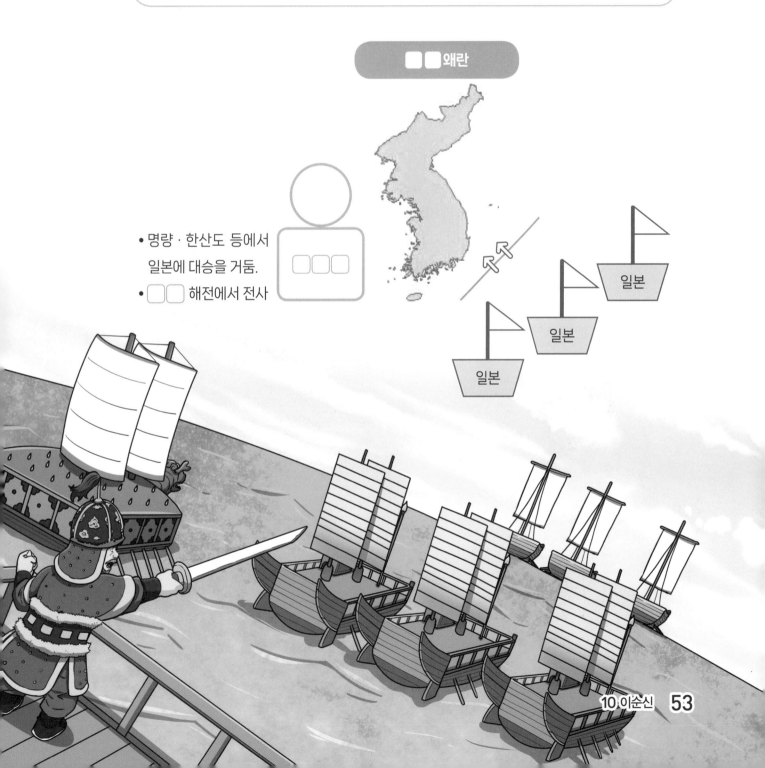

" 역사에 이름을 남긴 위대한 어머니, 위대한 아들 "

신사임당은 일곱 명의 아이를 낳은 어머니였어. 그녀는 바른 사람이 큰일을 할 수 있다는 믿음을 가지고 있었고, 자녀들에게 바른 인성을 심어 주기 위해 좋은 글을 써서 자녀들이 자주 다니는 곳에 붙여 두었다고 해. 그리하여 신사임당의 자녀들은 훌륭하게 성장했지.

◐ 신사임당 「초충도」

신사임당

출생	1504년
사망	1551년
한 줄 요약	훌륭한 자식을 키운 어머니
연관 키워드	이이의 어머니 뛰어난 화가 훌륭한 가정교육 오만 원 지폐

신사임당 과 이이

이이는 신사임당의 아들로, 그녀의 교육 아래 뛰어난 글과 그림 실력을 가지게 되었다고 해. 또한 어머니를 닮아 어릴 때부터 신동이라는 소리를 듣고 자랐지. 심지어 열세 살에는 과거 시험에서 1등으로 합격할 정도였어. 이후 이이는 뛰어난 인성과 학문으로 조선을 대표하는 학자이자 정치인으로 자리매김하게 돼.

 이이의 『성학집요』

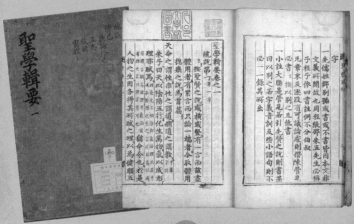

이이	
출생	1537년
사망	1584년
한 줄 요약	성리학을 집대성한 학자
연관 키워드	신동 과거 시험 수석 9번 십만양병설 오천 원 지폐

3주

주제

1일

곽재우
홍의 장군이라 불린 대표적 의병장

2일

광해군
명과 후금 사이에서 중립 외교를 펼치다

학습 계획 ☐ 월 ☐ 일

학습 확인 ☆ ☆ ☆

학습 계획 ☐ 월 ☐ 일

학습 확인 ☆ ☆ ☆

이번 주에 만날 인물 5명의 특징을
제목으로 먼저 살펴보자.

3일

허준
『동의보감』을
편찬하다

☐ 월 ☐ 일

☆ ☆ ☆

4일

허난설헌
시대를
잘못 만난
천재 시인

☐ 월 ☐ 일

☆ ☆ ☆

5일

숙종
환국을 일으켜
왕권을
강화하다

☐ 월 ☐ 일

☆ ☆ ☆

11

홍의 장군이라 불린 대표적 의병장
곽재우

1552년
곽재우 출생

1592년
임진왜란 발생, 의병 일으킴

1617년
곽재우 사망

어휘 미리보기

난 리
분쟁, 재해 따위로 세상이 소란하고 질서가 어지러워진 상태.

선 비
옛날에, 학문을 배우고 익힌 사람.

고 향
조상 대대로 살아온 곳.

의 병
외적의 침입을 물리치기 위하여 백성들이 자발적으로 조직한 군대.

유 인
주의나 흥미를 일으켜 꾀어냄.

지 형
땅의 생긴 모양이나 형세.

어휘 사용하기

평강아! 우리 고향에 멧돼지가 나타나서 난리 났었대!

진짜?
어떻게 된 일이래?

우리 고향 주변 지형을 보면 대부분 산이잖아? 산에서 멧돼지가 내려와서 마을을 돌아다니고 밭을 엉망으로 만들었다고 해!

헉! 사람은 안 다쳤지?
그리고 멧돼지는 잡았대?

다행히 아무도 안 다쳤고 멧돼지는 좁은 골목으로 유인해서 잘 잡았대!

임진왜란 때 일본군에 맞서 싸웠던 **대표적인 의병** 중 한 사람이 바로 곽재우야. 곽재우는 어떻게 고향을 지키려고 했을까?

임진왜란과 의병 임진왜란이 일어나자 온 나라가 난리가 났어. 백성을 지켜줄 군대는 무너졌고, 왕은 궁궐을 버리고 북쪽으로 피신을 가 버렸어. 이 소식을 들은 백성들은 나라가 망했다고 생각했지.

"아이고, 이제는 꼼짝없이 죽게 생겼구나."

그때 선비들이 앞장섰어.

"왕께서 궁궐을 버렸을지언정 우리는 조상들이 살았던 고향을 지켜야 합니다!"

그 말을 들은 백성들은 용기를 내어 무기를 들기 시작했어.

홍의 장군 선비였던 곽재우는 백성들과 함께 의병을 만들었어. 하지만 의병은 일본군에 비해 군사의 수도 적고, 무기도 부족했지. 그래서 곽재우는 적과 정면으로 싸우지 않고 특이한 방법을 생각해 냈어.

"이곳은 우리에게 익숙하고, 일본군에게는 낯선 곳이다. 따라서 적을 유인하여 공격한다면 승리를 거둘 수 있을 것이다."

곽재우는 지형을 최대한 이용하여 일본군을 공격했지. 곽재우는 붉은 옷을 입고 싸워 '홍의 장군'이라고 불렸어. 그는 부하들에게도 붉은 옷을 입혔지. 곽재우가 이끄는 의병들은 숨어 있다가 일본군이 지나갈 때 이곳저곳에서 나타나 공격했어. 적들은 힘도 쓰지 못하고 쓰러졌지. 이러한 곽재우의 활약으로 다른 곳의 의병들도 용기를 얻었어.

전쟁 이후의 삶 임진왜란 당시 의병들의 활약이 무척 컸어. 그러나 선조는 의병을 정치적 위협으로 여겨 처벌했지. 심지어 목숨까지 빼앗은 경우도 있었어. 곽재우는 언젠가 자신도 위험에 빠질 것이라고 생각했지. 그래서 전쟁이 끝난 후 고향으로 돌아가 조용히 살았대.

로빈아! 설쌤과 함께 읽어본 곽재우 이야기 재밌었지?
제대로 읽고 이해했는지 **문제**를 통해 같이 **확인**해 보자!

왈왈!

1

어휘력

다음 낱말에 알맞은 뜻풀이를 선으로 이으세요.

(1) 유인 •

(2) 의병 •

(3) 지형 •

• ㉠ 외적의 침입을 물리치기 위하여 백성들이 자발적으로 조직한 군대.

• ㉡ 땅의 생긴 모양이나 형세.

• ㉢ 주의나 흥미를 일으켜 꾀어냄.

2

내용
이해

다음은 이야기를 읽고 온달이가 정리한 내용입니다. 알맞지 **않은** 것의 기호를 쓰세요.

㉠ 임진왜란이 일어나자, 선비들과 백성들이 의병을 만들었다. ㉡ 이때, 선비였던 곽재우도 의병을 만들어 싸웠다. ㉢ 곽재우는 정면으로 적들과 싸웠다. ㉣ 이때 곽재우와 그 부하들은 붉은 옷을 입고 적들을 공격했다. 곽재우의 활약으로 다른 곳의 의병들도 용기를 얻었다.

(   )

3

사고력

다음 글을 읽고 의병에 참여한 사람으로 알맞지 **않은** 것을 고르세요.   (   )

임진왜란 당시, 군사들이 계속 싸움에서 지자 곳곳에서 의병이 일어났어요. 의병은 양반부터 천민까지 다양했지요. 곽재우를 비롯한 다른 선비들 역시 의병을 꾸려 나라를 지켰어요. 뿐만 아니라, 승려들까지도 무기를 들고 일본군과 싸웠어요. 모두가 나라를 지키기 위해 노력한 것이었지요.

① 왕   ② 승려

③ 선비   ④ 천민

⑤ 양반

왈왈!

3 주 **1** 일

로빈아! 이제 **구조도의 빈칸**만 채우면
곽재우 이야기는 확실히 알고 넘어가는 거야! 할 수 있지?

4
요약
정리

다음 보기 중 구조도의 빈칸에 들어갈 알맞은 어휘를 고르세요.

보기   홍의   임진   의병

□□왜란 → 전쟁 발생 → □□ 장군 □□(으)로 대활약 → 전쟁 이후 고향으로 돌아가 조용히 살아감.

천강홍의장군

11 곽재우 **61**

12

명과 후금 사이에서 중립 외교를 펼친
광해군

1575년
광해군 출생

1608년
광해군 즉위

1623년
광해군
인조반정으로 폐위

설쌤 강의 보기

어휘 미리보기

지 휘
목적을 효과적으로 이루기 위해 단체의 행동을 다스림.

사 신
임금이나 국가의 명령을 받고 외국에 사절로 가는 신하.

상 황
일이 되어 가는 과정이나 형편.

지 시
일러서 시킴. 또는 그 내용.

의 리
사람으로서 마땅히 지켜야 할 도리.

폐 위
왕이나 왕비 등의 자리에서 물러나게 함.

어휘 사용하기

평강아!
나 좀 도와줄 수 있어?

응?
무슨 일 있어?

학교 행사에 쓸 물건들을 포장하고 있는데, 생각보다 양이 많아서 시간 안에 다 못하는 상황이야.

그래? 내가 도와줄게!
다른 친구들도 불러올게.
어떻게 하면 될지 온달이가 지휘해 줘.

고마워!
역시 평강이는 의리가 있어!

임진왜란 이후 우리나라의 북쪽에서 '후금'이라는 나라가 크게 일어났어.
광해군은 후금과의 외교를 어떻게 했을까?

`임진왜란에서 활약` 임진왜란이 시작되자 신하들은 선조에게 서둘러 다음 왕이 될 세자를 정해야 한다고 했어. 이때 세자가 된 사람이 바로 광해군이었지. 광해군은 선조와 달리 죽음을 두려워하지 않고 전쟁터를 누비며 군대를 지휘했어. 이런 광해군의 모습에 백성들은 점점 희망을 가지게 되었지.

"세자께서 우리 백성들과 함께 하신다! 힘을 모아 일본군을 몰아내자!"

광해군의 활약으로 조선은 하나로 뭉쳐 임진왜란에서 승리했어.

`중립 외교` 임진왜란이 끝났을 때, 중국의 명은 나라의 힘이 약해져 가고 있었어. 반면 만주 땅에 살던 여진족은 힘이 계속 커져 갔지. 그리고 마침내 '후금'이라는 나라를 세우게 되었어. 그러던 어느 날 명은 후금을 무너뜨리기 위해 조선에 사신을 보냈어.

"우리가 임진왜란 때 도왔으니 너희 조선도 우리를 도와 후금을 공격해라!"

조선의 신하들 역시 명을 도와야 한다고 주장했지.

"명의 도움으로 우리 조선이 살아날 수 있었습니다. 어서 후금을 치시옵소서!"

광해군은 또 다른 전쟁으로 백성을 괴롭힐 수 없다고 생각했어. 하지만 군대를 안 보낼 수도 없는 상황이었지. 고민 끝에 광해군은 군대에 적당히 싸우다가 후금에 항복하라고 지시했어. 명의 말도 따르고, 후금에도 대항하지 않는 중립 외교였지.

`인조반정과 폐위` 임진왜란에서 활약하고 명과 후금 사이에서 중립 외교를 펼치며 나라를 구한 광해군이었지만, 신하들은 그렇게 생각하지 않았어. 광해군을 명과의 의리를 저버린 배신자라고 생각했지. 신하들은 광해군이 저지른 여러 사건들과 함께 이를 문제 삼아 인조반정을 일으켰어. 결국 광해군은 폐위되었지.

명과 후금 사이에서 중립 외교를 펼친 **광해군**

 로빈아! 설쌤과 함께 읽어본 광해군 이야기 재밌었지?
제대로 읽고 이해했는지 **문제**를 통해 같이 **확인**해 보자!

 왈왈!

 1
어휘력

다음 뜻풀이에 알맞은 낱말을 보기에서 골라 쓰세요.

| 보기 | 지시 | 폐위 | 의리 |

(1) 일러서 시킴. 또는 그 내용.　　　　　　　　　　　　(　　　)

(2) 사람으로서 마땅히 지켜야 할 도리.　　　　　　　　(　　　)

(3) 왕이나 왕비 등의 자리에서 물러나게 함.　　　　　(　　　)

2
내용
이해

이야기의 내용으로 알맞은 것은 O에 표시하고, 그렇지 않은 것은 X에 표시하세요.

(1) 광해군은 임진왜란에서 활약했습니다.　　　　　　　　　　(O / X)

(2) 광해군은 군대를 보내 달라는 명나라의 말을 따르지 않았습니다.　(O / X)

(3) 광해군은 인조반정으로 인해 폐위되었습니다.　　　　　　(O / X)

 3
사고력

다음 글을 읽고 광해군의 정책으로 알맞은 것을 두 가지 고르세요. (　　 , 　　)

　광해군은 조선을 위한 정치에 힘썼어요. 임진왜란 후, 광해군은 백성들의 생활을 위해 세금 제도를 개혁했어요. 특산물을 세금으로 바치던 이전의 제도는 백성들을 힘들게 했지요. 그래서 광해군은 특산물이 아닌, 땅을 가진 사람들에게 쌀을 걷는 대동법을 실시했어요. 그리고 명나라와 후금 사이에서 조선을 위한 중립 외교 정책을 펼쳤지요. 또한 임진왜란 때 불에 탄 책들을 다시 만들려고 노력했답니다.

① 대동법　　　　　　　　　　② 한글 반포

③ 중립 외교　　　　　　　　　④ 과거제 폐지

⑤ 노비 제도 폐지

왈왈!

로빈아! 이제 **구조도의 빈칸**만 채우면
광해군 이야기는 확실히 알고 넘어가는 거야! 할 수 있지?

4
요약
정리

다음 보기 중 구조도의 빈칸에 들어갈 알맞은 어휘를 고르세요.

보기   선조   임진   인조   중립

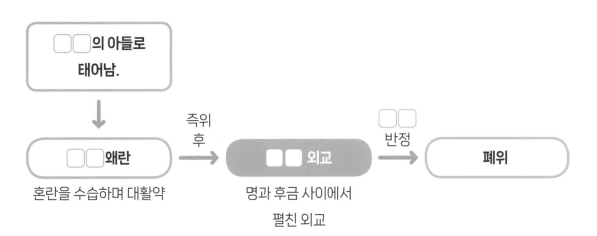

☐☐의 아들로
태어남.

↓

☐☐왜란
혼란을 수습하며 대활약

즉위
후 →

☐☐외교
명과 후금 사이에서
펼친 외교

☐☐
반정 →

폐위

13 『동의보감』을 편찬하다 허준

1539년	1610년	1615년
허준 출생	『동의보감』 저술	허준 사망

어휘 미리보기

의 관
조선 시대에 의학 관련 일을 담당하던 관리.

무 과
조선 시대에 무관을 뽑던 과거.

계 급
사회나 일정한 조직 내에서의 지위, 관직 따위의 단계.

첩
정식 아내 외에 데리고 사는 여자.

왕 실
임금의 집안.

어 의
궁궐 내에서 임금이나 왕족의 병을 치료하던 의원.

어휘 사용하기

평강아. 옛날 왕실에서 근무했던 의관들은 어떤 일을 한 거야?

의관은 왕과 왕비의 건강을 챙기는 의사들이었지.

아하! 의관도 계급이 나누어져 있었다던데.

응, 맞아. 높은 계급일수록 더 많은 권한이 있었어.

특히 왕의 총애를 받는 어의는 아무나 될 수가 없었어.

조선 시대의 훌륭한 의관이라고 손꼽는 허준.
허준은 의관으로서 사람들을 위해 어떤 일을 했을까?

양반 집안의 서자 의관으로 잘 알려져 있는 허준은 사실 양반 집안 출신이었어. 허준의 아버지는 무과에 합격한 군인이었거든. 그러면 어째서 허준은 처음부터 양반으로서의 삶을 살지 않고, 중인 계급에 속하는 의원의 길을 걸었을까? 그것은 허준의 어머니가 첩이었기 때문이야. 당시 첩의 자식은 '서자'라고 해서 양반이 아닌 중인으로 대우받았지.

의관으로서의 삶 허준은 양반은 아니었지만 어릴 적부터 열심히 공부했어. 특히 의학에 소질이 있었지. 허준은 뛰어난 의술을 인정받아 궁궐의 병원인 내의원에서 일하게 되었어.

내의원에서도 허준의 의술은 빛을 봤어. 왕과 그의 가족들이 아플 때 허준이 나서면 바로 해결이 될 정도였지.

"허준이라는 사람 정말 대단하군! 왕실 사람들을 벌써 몇 분이나 치료했다던데."

훌륭한 의관이라고 소문이 난 허준은 왕의 건강을 보살피는 어의의 자리에까지 올랐어.

『동의보감』 편찬 임진왜란이 일어나자 피난을 가던 허준은 충격을 받았어. 백성들이 전쟁으로 목숨을 잃는 것을 직접 보았기 때문이야. 또한 전염병까지 퍼져 백성들이 쓰러지자 허준은 생각에 잠겼어.

↑ 동의보감

'백성 누구든 보고 따라 하면 치료할 수 있는 의학 책을 만들어야겠다.'

당시 왕이었던 광해군까지 허준의 생각을 지지하며 의학 책 편찬을 지시했어.

시간이 흘러 허준은 『동의보감』을 완성했고, 이로 인해 백성들의 삶은 나아지게 되었지.

로빈아! 설쌤과 함께 읽어본 허준 이야기 재밌었지?
제대로 읽고 이해했는지 **문제**를 통해 같이 **확인**해 보자!

왈왈!

1
어휘력

다음 낱말에 알맞은 뜻풀이를 보기 에서 골라 기호를 쓰세요.

> **보기**
> ㉠ 조선 시대에 무관을 뽑던 과거.
> ㉡ 조선 시대에 의학 관련 일을 담당하는 관리.
> ㉢ 사회나 일정 조직 내에서의 지위, 관직 따위의 단계.

(1) 계급 (   )   (2) 의관 (   )   (3) 무과 (   )

2
내용
이해

이야기의 내용을 알맞게 말한 친구의 이름을 쓰세요.

> 지아: 허준은 천민 출신의 의관이었습니다.
> 현우: 허준은 광해군의 반대를 무릅쓰고 『동의보감』을 썼습니다.
> 준수: 허준은 왕의 건강을 보살피는 어의의 자리에까지 올랐습니다.

(   )

3
사고력

다음 글을 읽고 『동의보감』에 대한 설명으로 알맞지 않은 것을 보기 에서 골라 기호를 쓰세요.

> 『동의보감』에는 허준의 백성들을 생각하는 마음이 담겨 있어요. 백성들이 알아보기 쉽게 637개의 약재 이름을 한글로 기록했어요. 또한 『동의보감』은 중국의 의학 책들과 달리 백성들이 쉽게 병을 알 수 있도록 적어 놓았답니다. 허준은 『동의보감』 뿐 아니라 다양한 의학 책을 썼어요.

> **보기**
> ㉠ 중국의 의학 책들을 그대로 따라 썼습니다.
> ㉡ 백성들을 사랑하는 허준의 마음이 담겨 있습니다.
> ㉢ 백성들이 쉽게 병을 알고 고칠 수 있도록 썼습니다.

(   )

왈왈!

로빈아! 이제 **구조도의 빈칸**만 채우면
허준 이야기는 확실히 알고 넘어가는 거야! 할 수 있지?

4 다음 보기 중 구조도의 빈칸에 들어갈 알맞은 어휘를 고르세요.

요약
정리

보기   의관   어의   허준   내의원   동의보감

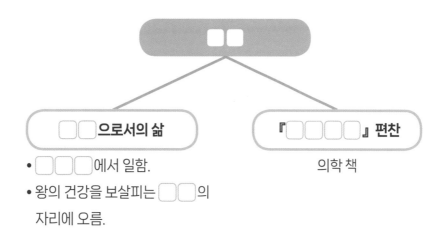

□□으로서의 삶

• □□□에서 일함.
• 왕의 건강을 보살피는 □□의
  자리에 오름.

『□□□□』편찬

의학 책

14

시대를 잘못 만난 천재 시인
허난설헌

1506년	1563년	1589년
연산군 폐위	허난설헌 출생	허난설헌 사망

설쌤 강의 보기

어휘 미리보기

학 자
학문에 능통한 사람. 또는 학문을 연구하는 사람.

소 설
작가가 지어내서 쓴, 이야기 형식으로 된 문학 작품.

우 대
특별히 잘 대우함. 또는 그런 대우.

솜 씨
손을 놀려 무엇을 만들거나 어떤 일을 하는 재주.

서 예
글씨를 붓으로 쓰는 예술.

시 집
여자가 결혼하여 남편을 맞이함.

어휘 사용하기

평강아!
너 서예 솜씨가 엄청난데?
글씨를 너무 잘 썼어!

자주 연습해서 그런 것 같아!

온달이도 이번에 학교 게시판에
올린 소설 보니까 잘 썼던데?
소설 쓰는 법을 배웠어?

아니, 따로 배운 적은 없어!

재미있어서 앞으로도 계속 써 볼 생각이야.

좋은 생각이야!

허난설헌은 글을 아주 잘 쓰기로 유명했다고 해.
허난설헌의 글이 얼마나 훌륭했는지 알아보자.

허균의 누나 허난설헌의 아버지는 당시 이름난 학자였어. 그래서 그런지 자식들 또한 글을 아주 잘 썼지. 사람들은 '글쓰기' 하면 바로 허난설헌 집안 이야기를 꺼낼 정도였어.

"글자 하나 배우는 것도 어려운데, 허씨 집안 사람들은 모두가 이렇게 글을 잘 쓰니 정말 부럽소."

특히 허난설헌의 동생인 허균은 조선 시대 최초의 한글 소설인 홍길동전을 쓴 사람으로 유명하지.

뛰어난 재능 허난설헌이 살았던 조선 시대는 남자들이 우대받던 시대라 여자들이 자유롭게 글을 배우는 것이 힘들었어. 하지만 글공부에 관심이 많았던 허난설헌은 다른 형제들이 공부할 때 함께 글을 배웠어. 어린 나이임에도 무척 훌륭했던 허난설헌의 솜씨에 가족들은 깜짝 놀랐지.

"아니, 이런 훌륭한 글을 저 아이가 지었단 말인가?"

딸의 재능을 높이 여긴 허난설헌의 아버지는 그녀에게 글뿐만 아니라 서예와 그림도 가르쳤어. 이렇게 허난설헌은 가족들의 사랑을 받으며 재능을 키워 나갔지.

불행한 삶 허난설헌은 하고 싶은 글공부를 하며 자랐지만, 그런 생활은 오래가지 못했어. 왜냐하면 그녀 또한 당시의 여자들처럼 다른 집안에 시집을 가야 했거든. 시집을 간 이후 허난설헌의 삶은 행복하지 못했대. 남편은 그녀에게 무관심했고, 시어머니는 그녀의 자유로운 모습을 보고 혼을 냈지. 이후 허난설헌은 힘든 삶을 살다가 자식들을 일찍 잃고 병으로 세상을 떠났어.

시대를 잘못 만난 천재 시인 **허난설헌**

 로빈아! 설쌤과 함께 읽어본 허난설헌 이야기 재밌었지? 제대로 읽고 이해했는지 **문제**를 통해 같이 **확인**해 보자!

 왈왈!

1
어휘력

다음 빈칸에 알맞은 낱말을 보기 에서 골라 쓰세요.

보기　　　　우대　　　　소설　　　　솜씨

(1) 허난설헌의 동생 허균은 최초의 한글 ☐☐ 인 홍길동전을 썼습니다.

(2) 허난설헌이 살았던 시대는 남자가 여자보다 ☐☐ 받던 시대였습니다.

(3) 허난설헌은 글 ☐☐ 이/가 매우 뛰어났습니다.

2
내용
이해

이야기의 내용을 알맞게 말하지 **못한** 친구의 이름을 쓰세요.

주미: 허난설헌의 동생 허균은 홍길동전을 썼습니다.

윤서: 허난설헌은 어릴 때부터 글솜씨가 뛰어났습니다.

재하: 허난설헌이 살던 시기는 여자도 글을 배우기 좋은 시대였습니다.

(　　　　　　　)

3
사고력

다음 글을 읽고 알맞은 것을 보기 에서 골라 기호를 쓰세요.

　허난설헌은 훌륭한 글솜씨로 뛰어난 시를 지었지만, 여자라는 이유로 높이 평가받지 못했어요. 결혼 이후 슬픈 삶을 살다가 일찍 세상을 떠났지요. 동생 허균은 허난설헌의 시를 모아 『난설헌집』이라는 책을 만들었어요. 허난설헌의 시에는 행복하지 못했던 결혼 생활과 가족에 대한 그리움, 아이를 잃은 슬픔이 담겨 있지요.

보기　㉠ 허난설헌의 시는 당시에도 높이 평가되었습니다.
　　　㉡ 허균은 허난설헌의 시를 모아 『난설헌집』이라는 책을 만들었습니다.
　　　㉢ 허난설헌의 시는 주로 행복한 결혼 생활에 대해 이야기하고 있습니다.

(　　　　　　　)

로빈아! 이제 **구조도의 빈칸만** 채우면
허난설헌 이야기는 확실히 알고 넘어가는 거야! 할 수 있지?

왈왈!

4 다음 보기 중 구조도의 빈칸에 들어갈 알맞은 어휘를 고르세요.

요약
정리

보기 　　　　허균　　　　　허난설헌　　　　　홍길동전

□□□□을 쓴 □□의 누나

□□□□

뛰어난 재능

• 글솜씨가 뛰어남.
• 서예와 그림을 배움.

불행한 삶

• 남편의 무관심
• 시어머니의 구박

15

환국을 일으켜 왕권을 강화한
숙종

1674년
숙종 즉위

1680~1694년
세 번의 환국

1720년
숙종 사망

어휘 미리보기

균 형
어느 한쪽으로 기울거나 치우치지 아니하고 고른 상태.

상 복
상중에 있는 사람이 입는 복장.

환 국
나라 안팎의 형편이나 상황, 일이 벌어진 상황이 바뀜.

후 궁
왕비는 아니지만 왕의 부인으로서 궁궐에서 사는 여성.

저 주
남에게 불행한 일이 일어나도록 빌고 바람. 또는 그렇게 해서 일어난 불행한 일.

사 약
먹으면 죽는 약.

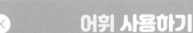

어휘 사용하기

 평강아!
어제 역사와 관련된 영화를 봤는데 신기한 사실이 있었어.

어떤 점이 신기했어?
궁금하다!

 조선 시대에 큰 죄를 지으면 왕이 죄인에게 **사약**을 내리더라! **사약**을 마시면 죽는대.
영화에서 죄를 지은 후궁이 **사약**을 마셨어.

나도 그 영화 본 것 같은데!
후궁이 왕을 **저주**하다가 들켜서 **사약** 마시는 장면이 나오는 영화지?

 맞아.
평강이 너도 봤구나?

조선 후기에 이르러 붕당 사이의 갈등이 심해지자
더 이상 참지 못한 **숙종**은 자신이 직접 나섰어.

정치적 혼란 조선 시대 신하들은 자신들과 의견이 맞는 사람들끼리 모여 '서인', '동인' 등과 같은 무리를 만들었어. 처음에 이들은 서로가 힘의 균형을 맞추며 정치를 해 나갔어. 그런데 점차 더 큰 힘을 가지기 위해 다툼을 벌이기 시작했지. 죽은 왕과 왕비의 장례에 상복을 몇 년 동안 입을 것인가를 가지고 싸우는 등 사사건건 부딪쳤어. 이러한 상황에서 숙종은 생각에 잠겼어.

"신하들이 왕을 무시하고 다툼을 벌이다니. 왕은 신하들보다 힘이 센 존재인데. 신하면 신하답게 다툼을 멈추고 왕에게 충성을 다해야 되지 않을까?"

숙종은 곧 자신의 생각을 행동으로 옮기게 되었지.

숙종의 두 여인 먼저 숙종은 왕에 맞먹을 정도로 권력이 강하던 남인을 몰아내고 서인을 불러들였어. 이렇게 갑작스럽게 정치 상황이 바뀌는 것을 '환국'이라고 해. 그 혼란의 중심에는 두 여인이 있었지. 바로 인현 왕후와 장희빈이란 인물이야!

인현 왕후는 서인 집안 출신이었고, 장희빈은 남인 집안 출신이었어. 인현 왕후는 오랫동안 자식을 낳지 못해 궁 밖으로 쫓겨났고, 장희빈은 아들을 낳아 숙종의 사랑을 듬뿍 받으며 왕비가 되었어. 이로 인해 남인은 다시 힘을 얻을 수 있었지. 그러나 숙종은 곧 인현 왕후를 그리워하고 결국 그녀를 다시 불러들였어. 장희빈의 지위는 후궁으로 내려 버렸지. 그러자 장희빈은 인현 왕후에게 온갖 저주를 퍼부었어.

"왕비의 자리는 세자를 낳은 내 거야! 이렇게 순순히 내 줄 수 없어!"

이를 들은 숙종은 끝내 장희빈에게 사약을 내렸어. 이에 남인도 힘을 잃고 쫓겨나게 되었지.

로빈아! 설쌤과 함께 읽어본 숙종 이야기 재밌었지?
제대로 읽고 이해했는지 **문제**를 통해 같이 **확인**해 보자!

왈왈!

① 다음 빈칸에 들어갈 알맞은 낱말을 보기 에서 골라 쓰세요.

어휘력

| 보기 | 저주 | 사약 | 균형 |

(1) 남인과 서인은 처음에는 서로 힘의 ☐☐ 을/를 이루었지만 점점 부딪쳤습니다.

(2) 후궁이 된 장희빈은 인현 왕후에게 ☐☐ 을/를 퍼부었습니다.

(3) 숙종은 장희빈에게 ☐☐ 을/를 내렸고, 장희빈은 죽음을 맞이했습니다.

② 이야기의 내용과 일치하는 것은 O에 표시하고, 그렇지 <u>않은</u> 것은 X에 표시하세요.

내용
이해

(1) 남인과 서인은 항상 힘의 균형을 이루고 조화를 이루었습니다. (O / X)

(2) 인현 왕후는 서인 출신, 장희빈은 남인 출신이었습니다. (O / X)

(3) 인현 왕후는 궁 밖으로 쫓겨났지만, 이후 다시 왕비로 돌아왔습니다. (O / X)

③ 다음 글을 읽고 빈칸에 들어갈 알맞은 말을 차례대로 쓰세요.

사고력

숙종은 한 번은 서인, 한 번은 남인에게 번갈아 권력을 주었어요. 숙종이 왕이 되었을 때는 남인의 힘이 더 셌어요. 그러나 환국 정치를 통해 남인을 몰아냈지요. 하지만 서인의 권력이 너무 강력해지자 이번에는 반대로 서인을 몰아내고 남인에게 힘을 주었지요. 숙종은 이를 통해 왕권을 강화하려고 했어요.

→ 숙종은 ☐☐ 정치를 통해, ☐☐ 을/를 강화하려고 했습니다.

왈왈!

로빈아! 이제 **구조도의 빈칸**만 채우면
숙종 이야기는 확실히 알고 넘어가는 거야! 할 수 있지?

4 다음 (보기) 중 구조도의 빈칸에 들어갈 알맞은 어휘를 고르세요.

요약
정리

(보기) 환국   남인   숙종   서인

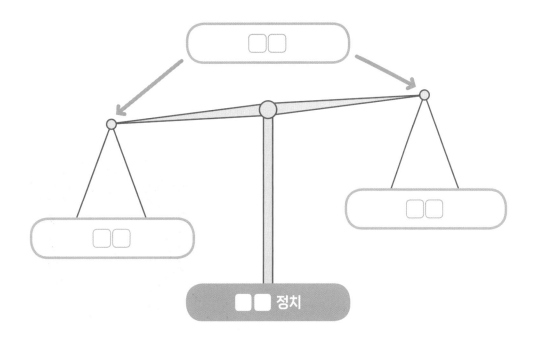

□□ 정치

남인   장희빈

인현왕후   서인

" 역사의 소용돌이 속에서
안타까운 삶을 산 두 남매 "

허난설헌은 운이 나쁘게도 친영례,
이른바 시집살이의 첫 세대가 됐어.
열다섯 어린 새 신부 허난설헌이 김성립에게
시집가 그 어려운 시를 지어 거침없이 쓰니,
시집 식구들의 눈초리가 따가웠다고 해. 글을 잘 써서
칭찬해 준 것은 오로지 친정아버지뿐이었던 거야.
이 시대에는 글을 잘 써도 여성이라는 이유로
차별을 받았거든.

허난설헌

출생	1563년
사망	1589년
한 줄 요약	조선 시대를 산 비운의 신여성
연관 키워드	허균의 누나 시인 자유 의식 주체적인 삶

허난설헌 과 허균

허난설헌의 동생 허균도 누나와 같이 글을 아주 잘 썼다고 해. 생각하는 것도 누나처럼 자유분방했다고 하지. 양반으로서 체면은 버리고 기생과 놀거나, 유교 국가임에도 승려들과 허물없이 지내거나, 조선에서 끔찍이도 거부하던 천주교에도 관심을 가졌어. 그리고 허균은 조선 사회를 부정하는 홍길동전을 지은 인물로 알려져 있어.

허균	
출생	1569년
사망	1618년
한 줄 요약	시대를 잘못 만난 자유주의자
연관 키워드	홍길동전 뛰어난 문장가 조선 사회 비판 사상의 자유

4주

주제	1일	2일
	안용복 독도는 우리 땅!	**영조** 출생의 한계를 딛고 성군으로 거듭나다

학습 계획	☐월 ☐일	☐월 ☐일
학습 확인	☆☆☆	☆☆☆

이번 주에 만날 인물 5명의 특징을
제목으로 먼저 살펴보자.

3일

정조
조선 후기
개혁과 통합을
추구하다

☐ 월 ☐ 일

☆ ☆ ☆

4일

정약용
실학을 바탕으로
다방면에서
활약하다

☐ 월 ☐ 일

☆ ☆ ☆

5일

김홍도
화폭에 조선의
모습을 담다

☐ 월 ☐ 일

☆ ☆ ☆

16

독도는 우리 땅!
안용복

1693년
첫 번째로
일본으로 건너감

1696년
두 번째로
일본으로 건너감

1697년
일본 정부가
공식적으로 사과함

설쌤 강의 보기

어휘 미리보기

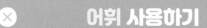

상 륙
배에서 육지로 오름.

허 락
요청하는 일을 하도록 들어줌.

막 부
12세기에서 19세기까지 일본을 통치한 군사 정권.

효 과
어떤 목적을 지닌 행위에 의하여 드러나는 보람이나 좋은 결과.

단 속
주의를 기울여 다잡거나 보살핌.

공 식 적
국가적으로 규정되었거나 사회적으로 인정된 것.

어휘 사용하기

온달아, 오늘 지각 안 했어?
오늘부터 학교에서 공식적으로
지각 단속을 시작했잖아!

늦을까 봐 정말 열심히 달렸지!
다행히 늦지 않게 도착했어!

다행이네!
단속의 효과가 정말 큰 것 같아.

친구들이 모두 달려오는데 그 모습이
잊혀지지 않아!

아마 그 무리에 나도
있었을 거야. ㅋㅋ

조선 숙종 때 일본 어부들이 우리 땅인 울릉도와 독도에 들어와
물고기를 잡아가자 안용복이 나서서 해결하고자 했어.

울릉도의 일본 어부들 조선 숙종 때였어. 안용복은 언제나처럼 사람들과 함께 물고기를 잡으러 울릉도로 향했지. 그런데 울릉도에 도착해 보니 믿지 못할 모습이 펼쳐져 있었어. 우리 땅인 울릉도 앞바다에서 일본인들이 물고기를 잡고, 섬에 상륙까지 했던 거야. 어떻게 일본인들이 조선의 허락도 없이 울릉도와 독도에 상륙할 수 있었을까? 당시 조선은 섬에 사람이 살지 못하게 했기 때문이야.

일본인들을 보고 화가 난 안용복은 큰 소리로 외쳤어.

"이곳이 비록 사람이 살지 않는다고 할지라도 조선의 땅이오. 일본인은 우리나라의 법에 따라 정해진 곳으로 들어와야 하는데, 왜 마음대로 상륙한 것이오?"

그러자 일본인들도 가만있지 않았어. 바로 안용복을 붙잡아 일본으로 데려가 버렸지.

울릉도·독도는 우리 땅 일본으로 끌려간 안용복은 자신을 둘러싼 일본인들 앞에서 겁먹지 않고 당당했어.

"울릉도와 독도는 분명히 우리 조선의 땅이고, 일본인들이 허락 없이 남의 땅에 들어와 멋대로 물고기를 잡아갔소!"

한편 안용복에 대한 이야기를 들은 일본 막부는 조선과의 관계가 나빠지는 것을 걱정했어. 그래서 안용복에게 일본인들이 울릉도·독도에 들어가지 못하도록 하겠다는 약속을 했지. 하지만 나라 간의 약속이 아닌 안용복 한 사람과의 약속이었기 때문에 큰 효과가 없었어. 여전히 일본 어부들은 울릉도와 독도 앞바다에서 물고기를 잡았어. 그러자 안용복은 조선의 외교관인 척 울릉도로 건너가 일본인들을 단속했지. 그뿐만 아니라, 일본에 들어가 막부로부터 '일본인들은 다시는 울릉도와 독도에 들어오지 않겠다.'라는 약속을 얻어 냈어. 이 약속은 이전과 달리 일본이 조선에 공식적으로 한 약속이라는 점에서 큰 의미가 있었지. 😊

왈왈!

로빈아! 설쌤과 함께 읽어본 안용복 이야기 재밌었지?
제대로 읽고 이해했는지 **문제**를 통해 같이 **확인**해 보자!

1

어휘력

다음 낱말과 뜻풀이를 알맞게 선으로 이으세요.

(1) 허락 •

(2) 상륙 •

(3) 단속 •

• ㉠ 배에서 육지로 오름.

• ㉡ 요청하는 일을 하도록 들어줌.

• ㉢ 주의를 기울여 다잡거나 보살핌.

2

내용
이해

다음을 이야기의 일이 일어난 순서대로 기호를 쓰세요.

㉠ 안용복은 외교관인 척 울릉도로 들어가 일본인을 단속했습니다.

㉡ 일본 막부는 일본인이 울릉도로 들어가지 못하도록 하겠다는 공식적인 약속을 하였습니다.

㉢ 일본은 안용복에게 일본인들이 울릉도·독도에 들어가지 못하도록 하겠다는 약속을 했지만, 약속은 한 사람과의 약속이라 큰 효과는 없었습니다.

(   ) – (   ) – (   )

3

사고력

다음 글의 내용을 알맞게 말하지 <u>못한</u> 친구의 이름을 쓰세요.

안용복이 울릉도·독도가 조선의 땅이라고 강하게 주장하자, 일본 막부는 울릉도·독도가 조선 땅이라는 확인서를 안용복에게 주었어요. 이후에도 울릉도에 일본인들이 여전히 들어왔을 때 안용복은 계속 항의한 끝에 일본 막부의 공식적인 사과를 받아냈지요. 그런데 조선 정부는 안용복이 나라의 허락 없이 문제를 일으켰다며 벌을 주었어요.

민재: 안용복은 울릉도를 지키고 나라로부터 상을 받았습니다.

우진: 안용복의 계속되는 항의에 일본은 공식적으로 사과했습니다.

(   )

왈왈!

로빈아! 이제 **구조도의 빈칸**만 채우면
안용복 이야기는 확실히 알고 넘어가는 거야! 할 수 있지?

4

요약
정리

다음 보기 중 구조도의 빈칸에 들어갈 알맞은 어휘를 고르세요.

보기 안용복 울릉도

왜 남의 땅에서 물고기를
잡으시오!

□□□

독도

일본

17

출생의 한계를 딛고 성군으로 거듭난
영조

1724년
영조 즉위

1742년
탕평비 건립

1776년
영조 사망

설쌤 강의 보기

어휘 미리보기

허 드 렛 일
중요하지 아니하고 허름한 일.

무 수 리
고려 · 조선 시대에, 궁중에서 청소 따위의 잔심부름을 담당하던 여자 종.

계 급
사회나 일정한 조직 내에서의 지위, 관직 따위의 단계.

공 평
어느 쪽으로도 치우치지 않고 고름.

갈 등
이해관계가 달라 서로 적대시하거나 충돌을 일으킴을 이르는 말.

뒤 주
쌀이나 보리와 같은 곡식을 담아 두기 위해 나무로 만든 궤짝.

어휘 사용하기

평강아!
오늘 우리 반에서 큰 갈등이 있었어.

진짜?
무슨 일인데?

한 친구가 청소 당번을 공평하게 일주일씩 돌아가면서 하자고 했거든.

그런데 다른 친구가 청소는 허드렛일이라고 무시하면서 일주일은 너무 길다고 해서 다툼이 있었어.

그랬구나. 청소도 중요한 일 중 하나라는 것을 그 친구도 알게 되면 좋겠다.

영조는 '무수리의 아들'이라는 자신의 한계를 넘어
조선 후기 최고의 임금 중 한 사람으로 평가받고 있어.

무수리의 아들 조선 영조는 숙종의 아들로 태어났어. 영조의 어머니는 누구인 줄 알아? 왕비? 후궁? 모두 아니야. 영조의 어머니는 놀랍게도 궁에서 허드렛일을 맡아서 하던 무수리였어. 무수리는 궁에서 가장 낮은 계급의 궁녀로 왕과 마주치는 일이 매우 적었지. 하지만 영조의 어머니는 우연히 숙종의 눈에 띄어 후궁이 되었어.

공평한 정치, 탕평책 조선 숙종 때 환국이 일어났던 것 기억해? 신하들끼리 큰 힘을 가지기 위해 서로 물리치고 억눌렀던 싸움이잖아. 숙종과 경종의 뒤를 이어 영조가 왕이 될 무렵에도 여전히 신하들의 싸움은 끊이지 않았어. 그래서 영조는 '어느 한쪽에 치우치지 않고 공평히 한다.'라는 뜻을 가진 '탕평책'을 펼치기 시작했어. 그리고 탕평책을 받아들이지 못한 신하들을 향해 말했지.

"신하들은 나의 말을 마음속에 새겨라! 우리 조선은 땅이 좁아 사람이 귀하거늘 어찌 편을 나눈다는 말이냐. 앞으로는 싸우지 말고 백성을 위한 정치를 하도록 하라!"

사도 세자의 죽음 하지만 영조는 신하들의 갈등을 완전히 해결하지 못했어. 처음에 영조는 '소론'과 '노론' 세력을 골고루 뽑아 썼지만, 소론이 자신에게 반대하자 큰 벌을 내리고 쫓아 버렸지. 그런데 영조의 아들인 세도 세자가 소론과 친하다는 소문이 돌았어. 그리고 사도 세자의 잘못된 말과 행동들까지 영조의 귀에 들려오자 화가 난 영조는 사도 세자를 뒤주 앞으로 끌고 왔어.

"너는 나의 뒤를 이을 사람으로서 큰 죄를 저질렀다. 스스로 죽어라!"

"아바마마! 잘못했사옵니다. 목숨만은 살려 주시옵소서!"

영조는 아들을 뒤주에 가두었어. 결국 사도 세자는 죽음을 맞이했고, 이는 조선 역사의 비극으로 전해지고 있어.

왈왈!

로빈아! 설쌤과 함께 읽어본 영조 이야기 재밌었지?
제대로 읽고 이해했는지 **문제**를 통해 같이 **확인**해 보자!

1 다음 낱말에 알맞은 뜻풀이를 보기에서 골라 쓰세요.

어휘력

> 보기 ㉠ 중요하지 아니하고 허름한 일.
> ㉡ 어느 쪽으로도 치우치지 않고 고름.
> ㉢ 이해관계가 달라 서로 적대시하거나 충돌을 일으킴을 이르는 말.

(1) 공평 (   )

(2) 갈등 (   )

(3) 허드렛일 (   )

2 영조에 대한 설명으로 알맞은 것은 무엇인가요?   (   )

내용
이해

① 영조는 탕평책을 펼쳤습니다.

② 영조의 어머니는 양반이었습니다.

③ 영조와 사도 세자는 사이가 좋았습니다.

④ 영조는 신하들의 갈등을 완전히 해결했습니다.

⑤ 영조는 자신에게 반대하는 소론에게 권력을 주었습니다.

3 다음 글을 읽고 영조가 실시한 정책을 두 가지 쓰세요.

사고력

> 영조는 각 세력의 인재를 골고루 뽑아 탕평책을 실시했어요. 세력들 간의 다툼을 줄여 사회를 안정시켰지요. 그리고 균역법도 실시했어요. 당시에는 군대를 관리하기 위한 돈을 백성들에게 걷었어요. 성인 1명당 옷감을 2필씩 내야 했지요. 영조는 균역법을 실시하여 옷감을 1필씩 내도록 했어요. 이로 인해 백성들의 삶이 점차 안정되어 갔지요.

(,   )

로빈아! 이제 **구조도의 빈칸**만 채우면
영조 이야기는 확실히 알고 넘어가는 거야! 할 수 있지?

왈왈!

4 다음 보기 중 구조도의 빈칸에 들어갈 알맞은 어휘를 고르세요.

요약
정리

보기   탕평   영조

숙종

경종

⬜⬜

⬇   ⬇

⬜⬜책   사도 세자

한쪽으로 치우치지 않는 정치   뒤주에 갇혀 죽음.

17 영조   89

18 조선 후기 개혁과 통합을 추구한 정조

1776년
정조 즉위

1796년
수원 화성 완공

1800년
정조 사망

어휘 미리보기

미래
앞으로 올 때.

무술
무기 쓰기, 주먹질, 발길질, 말달리기 따위의 무도에 관한 기술.

학문
어떤 분야를 체계적으로 배워서 익힘. 또는 그런 지식.

소홀
중요하게 생각하지 않아 주의나 정성이 부족함.

백성
예전에 일반 평민을 가리키는 말.

이상
어떤 것에 대하여 생각할 수 있는 것 중에서 가장 나은 상태나 모습.

어휘 사용하기

온달아!
만약에 과거로 돌아간다면 왕이 되고 싶어?
아니면 일반 백성이 되고 싶어?

당연히 왕이 되고 싶지!
왕이 되면 공부 안 해도 되고 좋잖아.

아니야, 왕도 공부해야 해!
더 열심해 해야 한다고!
백성들을 잘 다스리고 나라를 이상적으로
만들려면 더 열심히 공부해야지.

무술까지 배우는 왕도 있었어!

헉, 그렇구나.
왕이 되어도 공부를 소홀히 하면
안 된다니…….

정조는 사도 세자의 아들이야.
성군으로 유명한 정조가 어떤 일들을 했는지 같이 살펴보자!

가족의 사랑 정조는 11살 때 아버지가 뒤주에 갇혀 죽는 걸 지켜봤어. 그럼에도 정조는 어떻게 어긋나지 않고 조선 후기를 이끈 훌륭한 왕이 되었을까? 여러 이유가 있겠지만 가족의 사랑이 큰 역할을 했어. 정조의 가족들은 정조를 사랑으로 보살폈어. 특히 할아버지 영조는 아들인 사도 세자를 엄하게 대한 것과 달리, 정조를 무척이나 예뻐했지. "조선의 미래가 오직 너에게 있다."라고 말할 정도였어.

공부의 왕 정조는 할아버지인 영조를 이을 다음 왕으로서 부지런히 공부했어. 정조는 머리가 좋을 뿐 아니라 무술 실력도 뛰어났어. 왕이 된 후에도 학문과 무술 공부를 소홀히 하지 않았지. 정조는 '공부의 왕'답게 아주 많은 책들을 펴냈어.

　책을 펴내는 데는 규장각이 큰 역할을 했어. 규장각은 정조가 만든 도서관이자 학문 연구 기관이야. 규장각에는 8만 권에 달하는 책들이 갖춰져 있었지.

　정조는 활 솜씨도 뛰어났어. 오늘날까지 남아 있는 정조의 활쏘기 기록을 보면, 50발 중에 49발을 명중시켰다고 해.

수원 화성 건설 정조는 왕권을 강화하고 백성의 삶을 나아지게 하는 정치를 했어. 정조는 이러한 자신의 정치적 이상을 실현하고 아버지인 사도 세자를 기리기 위해 수원 화성을 건설했지. 정조는 수원 화성을 건설할 때도 건설에 참여한 백성들을 함부로 대하지 않고 돈과 치료 약, 필요한 물건들을 주며 사랑을 베풀었어.

🔺 수원 화성

로빈아! 설쌤과 함께 읽어본 정조 이야기 재밌었지?
제대로 읽고 이해했는지 **문제**를 통해 같이 **확인**해 보자!

왈왈!

1 다음 낱말과 뜻풀이를 알맞게 선으로 이으세요.

어휘력

(1) 미래 •
(2) 이상 •
(3) 소홀 •

• ㉠ 앞으로 올 때.
• ㉡ 중요하게 생각하지 않아 주의나 정성이 부족함.
• ㉢ 어떤 것에 대하여 생각할 수 있는 것 중에서 가장 나은 상태나 모습.

2 다음은 이야기에 대한 온달이와 평강이의 대화입니다. 알맞지 **않은** 것의 기호를 쓰세요.

내용
이해

온달: ㉠ 정조는 머리가 좋을 뿐 아니라 무술 실력도 뛰어났대!
평강: 맞아. ㉡ 규장각이라는 도서관이자 연구 기관을 만든 것도 정말 대단해. 규장각에서 많은 책들이 나왔잖아.
온달: ㉢ 활 솜씨도 정말 대단했다고 해.
평강: ㉣ 그리고 화성을 지어서 관리들의 권력을 강화하기도 했지!

(   )

3 다음 글을 읽고 정조가 한 일이 **아닌** 것을 고르세요.   (   )

사고력

정조는 탕평책을 실시하여, 훌륭한 사람이라면 어느 세력이든 가리지 않고 등용했어요. 그리고 서얼을 규장각 관리로 등용하기도 했어요. 서얼은 아버지는 양반이지만 어머니가 평민이나 노비인 경우이지요. 또한 정조는 많은 제도들을 새롭게 개편했어요. 심한 형벌은 금지했고, 지방에 암행어사를 보내 관리들의 횡포를 막았지요. 이같은 개혁 정치를 통해 정조는 조선 후기의 황금기를 이루었어요.

① 서얼 등용
② 탕평책 실시
③ 암행어사 파견
④ 노비 제도 폐지
⑤ 심한 형벌 금지

로빈아! 이제 **구조도의 빈칸**만 채우면
정조 이야기는 확실히 알고 넘어가는 거야! 할 수 있지?

4

요약
정리

다음 보기 중 구조도의 빈칸에 들어갈 알맞은 어휘를 고르세요.

보기   영조   정조   화성   규장각

□□

↓

사도 세자

↓

□□

□□□ 설치   수원 □□ 건설

왕실 도서관이자
학문 연구 기관

19

실학을 바탕으로 다방면에서 활약한
정약용

1762년
정약용 출생

1792년
거중기 발명

1818년
『목민심서』 완성

어휘 미리보기

유 생
유학을 공부하는 선비.

인 연
사람들 사이에 맺어지는 관계.

능 력
일을 감당해 낼 수 있는 힘.

성 리 학
중국 송나라 때 시작되어 조선 시대에 크게 유행했던, 우주의 이치와 물질의 바탕을 기본으로 하는 학설.

기 계
동력을 써서 움직이거나 일을 하는 장치.

관 리
관직에 있는 사람.

정약용은 여러 방면에서 뛰어난 재능을 보이며 정조의 눈에 띄었어.
정약용이 어떤 일들을 했는지 함께 살펴볼까?

정조와의 만남 정약용은 정조를 도와 많은 일을 했어. 수많은 신하들 중 하나였던 그가 어떻게 정조의 눈에 띄었을까? 정약용이 유생이던 때, 우수한 유생들을 모아 상을 주는 행사가 있었어. 정약용도 그 행사에 가게 되었지. 그때 정약용의 글이 정조의 눈에 들었고 이 인연으로 정약용은 정조가 만든 규장각에 들어가 다양한 일을 맡았지.

거중기 개발

⬆ 거중기

정약용은 글공부뿐 아니라 다양한 능력을 가진 사람이었어. 성리학은 물론 법학, 의학, 과학 등의 다양한 지식을 알고 있었지. 이를 알고 있던 정조는 수원 화성을 지을 때, 정약용을 불러 성을 빠르고 안전하게 지을 수 있는 기계를 만들라고 명령했어. 이때 정약용이 발명한 기계가 바로 거중기야! 거중기로 낮은 곳의 돌을 높은 곳으로 올려 보내며 화성을 빠르게 지을 수 있었어. 거중기 덕분에 사람이 무거운 돌을 직접 옮기는 것이 줄어들자, 공사 중 죽거나 다치는 사람들도 많이 줄어들었지.

『목민심서』의 완성 정약용은 늘 백성이 잘사는 나라를 만들기 위해 노력했어. 어느 날 정약용은 백성들의 어려운 생활을 보고 긴 한숨을 내쉬었어.

"지방의 관리들이 백성들을 제대로 다스리지 못하고 있구나! 내가 백성들을 위해 무언가를 해야겠다."

그래서 정약용은 백성을 다스리는 지방의 관리라면 꼭 지켜야 할 규칙을 담은 책,『목민심서』를 썼어.『목민심서』의 주된 내용은 백성들의 어려운 생활을 알리고 관리들의 잘못된 정치와 욕심을 비판하는 것이었어. 따라서『목민심서』는 백성들의 입장에서 쓰인 책이라고 할 수 있지.

로빈아! 설쌤과 함께 읽어본 정약용 이야기 재밌었지?
제대로 읽고 이해했는지 **문제**를 통해 같이 **확인**해 보자!

왈왈!

1 다음 낱말에 알맞은 뜻풀이를 보기 에서 골라 기호를 쓰세요.

어휘력

> **보기** ㉠ 관직에 있는 사람.
> ㉡ 유학을 공부하는 선비.
> ㉢ 사람들 사이에 맺어지는 관계.

(1) 인연 (   )   (2) 유생 (   )   (3) 관리 (   )

2 정약용에 대한 설명으로 옳은 것은 O에 표시하고, 옳지 <u>않은</u> 것은 X에 표시하세요.

내용
이해

(1) 정약용은 정조를 도와 많은 일을 했습니다.   (O / X)

(2) 정약용은 거중기를 발명하였습니다.   (O / X)

(3) 정약용은 관리들의 입장만을 생각하여 『목민심서』를 썼습니다.   (O / X)

3 다음 글의 내용을 알맞게 말하지 <u>못한</u> 친구의 이름을 쓰세요.

사고력

> 정약용은 실학을 주장한 사람으로도 유명해요. 실학이란 실제 생활에 쓰임이 있는 학문이지요. 정약용은 500권 이상의 책을 남겨 조선의 실학을 체계적으로 정리했어요. 그리고 백성들이 잘살 수 있도록 정치, 행정, 토지, 노비 제도 등을 개혁하기 위한 방안을 제시했지요.

> 혜수: 실학은 실생활에 쓰이는 학문입니다.
> 윤정: 정약용은 성리학만을 중요하게 생각했습니다.
> 주하: 정약용은 백성들이 잘살 수 있도록 제도를 개혁하려고 했습니다.

(   )

왈왈!

로빈아! 이제 **구조도의 빈칸**만 채우면
정약용 이야기는 확실히 알고 넘어가는 거야! 할 수 있지?

4

요약
정리

다음 보기 중 구조도의 빈칸에 들어갈 알맞은 어휘를 고르세요.

보기　　　　거중기　　　　정약용　　　　목민심서

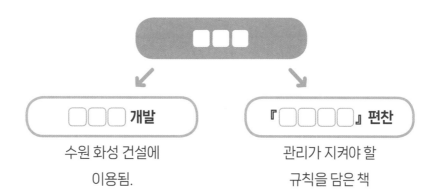

☐☐☐ **개발**

수원 화성 건설에

이용됨.

『☐☐☐☐』 **편찬**

관리가 지켜야 할

규칙을 담은 책

20

화폭에 조선의 모습을 담다
김홍도

1745년	1773년	1781년
김홍도 출생	영조의 초상화를 그림	정조의 초상화를 그림

어휘 미리보기

유 명
이름이 널리 알려져 있음.

기 초
사물이나 일 따위의 기본이 되는 것.

추 천
어떤 조건에 적합한 대상을 책임지고 소개함.

도 화 서
조선 시대에, 그림에 관한 일을 맡아보던 관아.

어 진
임금의 얼굴을 그린 그림이나 사진.

노 릇
일의 됨됨이나 형편.

어휘 사용하기

평강아. 너 **도화서**에 대해 들어본 적 있어?

응. 옛날에 왕실에서 그림 그리던 곳이잖아. 거기서 일했던 **유명**한 화가들이 많대.

맞아! 그래서 왕의 **어진**을 그릴 때는 도화서 화가들이 꼭 참여했대.

이번에 도화서 화가들의 그림 전시회가 열린다고 **추천**받았는데 같이 가 볼래?

당연히 좋지! 말해 줘서 고마워!

정조는 유능한 신하를 귀하게 여겼는데, 그중에는 **김홍도**도 있었지. **김홍도**가 얼마나 재능이 있었는지 함께 살펴볼까?

스승 강세황과의 만남 어릴 적부터 김홍도는 그림을 아주 잘 그렸어. 그때 한 친척이 김홍도의 그림을 당시 조선에서 유명한 화가였던 강세황에게 보여 주었어. 김홍도의 그림을 본 강세황은 매우 놀랐지.

"어린데 그림 솜씨가 대단하구나. 이제 내 밑에서 그림을 배우도록 해라."

도화서 생활과 정조 김홍도는 강세황의 가르침을 받으며 그림의 기초부터 하나하나 배워 나갔어. 마침내 김홍도는 스승의 추천으로 그림을 전문적으로 그리는 도화서에 들어가게 되었어. 도화서에는 김홍도에 대한 소문이 이미 자자했지.

"그 강세황 어른께서 칭찬할 재주라면 말 다한 걸세."

김홍도는 29살의 나이에 뛰어난 재주를 인정받아 영조와 그 손자 정조의 어진을 그리는 업무를 맡았어. 이때 김홍도는 정조와 운명적으로 만났지. 정조는 김홍도가 그린 초상화를 보고 매우 감탄했어. 이후 정조는 왕이 되어서도 김홍도를 매우 아꼈어.

🔼 김홍도의 「서당」

그림 속 백성의 삶 정조는 백성들을 위해 평생을 바친 왕이었기 때문에 백성들이 사는 모습이 보고 싶었지. 하지만 백성들의 모습을 볼 수 없어 답답할 노릇이었어. 그러던 어느 날, 정조는 김홍도를 불렀어.

"김홍도 자네가 임금인 나의 눈이 되어 백성들이 어떻게 살아가는지 그려 오게."

김홍도는 왕의 명령에 따라 백성들의 생활 속으로 들어가 생생한 백성들의 모습을 자신의 그림에 고스란히 담았지. 그 덕분에 우리는 조선 시대 백성들의 삶을 생동감 있게 표현한 그림을 볼 수 있게 되었단다. 🙂

20 김홍도 **99**

왈왈!

로빈아! 설쌤과 함께 읽어본 김홍도 이야기 재밌었지?
제대로 읽고 이해했는지 **문제**를 통해 같이 **확인**해 보자!

1 다음 뜻풀이에 알맞은 낱말을 보기 에서 골라 쓰세요.

어휘력

| 보기 | 유명 | 추천 | 어진 |

(1) 이름이 널리 알려져 있음. ( )

(2) 임금의 얼굴을 그린 그림이나 사진. ( )

(3) 어떤 조건에 적합한 대상을 책임지고 소개함. ( )

2 김홍도에 대해 알맞게 말하지 **못한** 친구의 이름을 쓰세요.

내용
이해

재현: 김홍도는 도화서에 들어갔습니다.

연주: 김홍도는 강세황의 제자가 되었습니다.

이나: 김홍도는 정조의 명령으로 왕족들의 생활을 그렸습니다.

( )

3 다음 글을 읽고, 빈칸에 알맞은 말을 쓰세요.

사고력

김홍도는 백성들의 삶을 자신의 그림에 생생하게 담았어요. 아이들이 글공부하다
가 선생님에게 혼나는 모습을 담은 〈서당〉, 사람들이 모여 씨름 경기를 즐기는 모
습을 담은 〈씨름〉 등이 대표적이지요. 이를 '풍속화'라고 하는데, 주로 백성들을 주
인공으로 하여 일상생활을 재미있게 표현한 그림이지요. 김홍도는 풍속화를 통해
조선 후기 백성들의 삶을 잘 보여 주었어요.

→ 김홍도는 〈서당〉, 〈씨름〉 같은 □□□을/를 그려, 백성들의 삶을 잘 나타
냈습니다.

왈왈!

4주 5일

로빈아! 이제 **구조도의 빈칸**만 채우면
김홍도 이야기는 확실히 알고 넘어가는 거야! 할 수 있지?

4

요약
정리

다음 보기 중 구조도의 빈칸에 들어갈 알맞은 어휘를 고르세요.

보기　　　도화서　　　　김홍도　　　　강세황

□□□ → □□□
조선 시대 그림에 관한
일을 맡아보던 관청

영조, 정조의 초상화를
그림.

백성들의 삶을
그림.

스승 □□□의
추천

20 김홍도　**101**

" 조선을 위해 최선을 다한 할아버지와 손자 "

영조는 숙종의 아들이었지만 어머니가 무수리 출신이었어. 그러다 보니 영조는 항상 이를 부끄럽게 여겼다고 하지. 그래서 영조는 왕위에 올라 신하들에게 가볍게 보이지 않기 위해 열심히 공부하고, 최선을 다해 정치를 했어. 그러나 아들 사도 세자가 아버지 영조의 이러한 뜻에 어긋나게 행동하자 계속 갈등을 일으켰다고 해.

◀ 영조 어진

영조

출생	1694년
사망	1776년
한 줄 요약	최고의 지도자, 최악의 아버지
연관 키워드	사도 세자 균역법 『속대전』 편찬 탕평책

영조 와 정조

현재 정조의 어진은
아쉽게도 전해지는 것이 없어.
정조는 학문과 무술 공부 어느 것 하나
빠지지 않고 잘했다고 해.
또한 공부의 왕답게 많은 책을 썼고,
나아가 과거에 붙은 젊은 신하들을
본인이 직접 나서서 공부를
시키기도 했어.

정조

출생	1752년
사망	1800년
한 줄 요약	조선 후기를 빛낸 왕
연관 키워드	수원 화성 장용영 공부의 왕 규장각 설치

5주

주제

1일

김정호
지도 제작에 평생을 바치다

2일

흥선 대원군
왕의 아버지가 되어 나라를 움직이다

학습 계획

☐ 월 ☐ 일

☐ 월 ☐ 일

학습 확인

☆ ☆ ☆

☆ ☆ ☆

이번 주에 만날 인물 5명의 특징을
제목으로 먼저 살펴보자.

3일

전봉준
동학 농민 운동을
이끈 녹두 장군

☐ 월 ☐ 일

☆ ☆ ☆

4일

김대건
우리나라
최초의
천주교 신부

☐ 월 ☐ 일

☆ ☆ ☆

5일

최제우
'사람이 곧
하늘' 동학을
창시하다

☐ 월 ☐ 일

☆ ☆ ☆

21 지도 제작에 평생을 바쳤던 **김정호**

1804년(추정)
김정호 출생

1861년
대동여지도 22첩 제작

1866년(추정)
김정호 사망

어휘 미리보기

지 도
지구 표면의 전부나 일부를 일정한 비율로 줄여 약속된 기호를 사용하여 평면에 그린 그림.

도 시
많은 인구가 모여 살며 일정 지역의 정치, 경제, 문화의 중심이 되는 곳.

경 제
사람이 생활을 함에 있어서 필요로 하는 재화나 용역을 생산, 분배, 소비하는 모든 활동.

관 심
어떤 것에 마음이 끌려 주의를 기울임.

봉 수 대
봉화를 올릴 수 있게 만들어 놓은 곳.

목 판
인쇄를 하기 위해서 글이나 그림을 새긴 나무 판.

어휘 사용하기

평강아! 뉴스 봤어?
도시와 농촌의 지역 차이가 점점 심해지고 있대!
이 차이를 어떻게 하면 줄일 수 있을까?

우선 우리가 농촌 경제 발전에 관심을 가져야 할 것 같아!

말이 나온 김에 우리 농촌 지역으로 봉사 활동 갈래?

정말 좋은 생각이야!
이번 겨울 방학 때 가자!
어디로 가면 좋을지 지도를 살펴보자.

그래!
다른 친구들한테도 물어보자!

조선 시대 사람들은 지도가 오래된 것이 많아 보기 힘들었대.
이를 본 **김정호**가 어떻게 했는지 함께 알아보자!

새로운 지도의 필요성 지도란 산, 강 그리고 들과 같이 자연적으로 만들어진 것과 사람들이 살아가는 도시, 이동하는 데 필요한 도로 등을 종이 위에 그림으로 표현한 것이야. 우리 조상들은 옛날부터 지도를 만들어 사용했어. 조선의 여러 왕들이 전국 곳곳에 자신의 힘이 미칠 수 있도록 하기 위해 지도 제작에 힘쓴 덕분이지. 그런데 조선 후기에 경제가 발달하고 많은 사람들이 물건을 사고팔기 위해 이곳저곳을 다니면서 문제가 생겼어. 지도에 사실과 다른 점들이 있던 거야.

"지도를 보고 가는데 길을 잃어 해가 질 때까지 고생했어. 밤에는 호랑이가 자주 나와서 크게 걱정했다고."

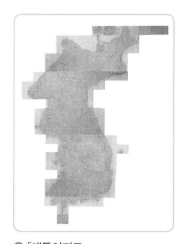

↑ 「대동여지도」

「대동여지도」의 제작 "내가 반드시 제대로 된 지도를 만들어 보겠어!"

지도에 **관심**이 많았던 김정호는 제대로 된 지도를 만들기로 결심했어. 하지만 당장 참고가 될 만한 지도를 모으는 것도 큰일이었어. 다행히 주변 사람들의 도움으로 지도를 모을 수 있었지. 그리고 김정호는 지도에 정확한 위치를 표시하기 위해 직접 그곳에 가 보기도 했어. 몇 년 후, 김정호는 고생 끝에 지도를 완성했어! 그 지도가 바로 「대동여지도」야.

「대동여지도」에는 산, 강, 도로, 도시, 성, 군대, 봉수대 등이 꼼꼼히 표시되어 있었지. 덕분에 사람들은 길을 헤매지 않게 되었어. 또한 김정호는 이렇게 생각했어.

"많은 사람들이 지도를 받아 볼 수 있게 **목판**으로 복사하자!"

김정호의 노력으로 많은 사람들이 정확한 지도를 쉽고 편리하게 볼 수 있게 된 거야.

로빈아! 설쌤과 함께 읽어본 김정호 이야기 재밌었지?
제대로 읽고 이해했는지 **문제**를 통해 같이 **확인**해 보자!

왈왈!

1 다음 낱말과 뜻풀이를 알맞게 선으로 이으세요.

어휘력

(1) 도시 •

(2) 지도 •

(3) 경제 •

• ㉠ 지구 표면의 전부나 일부를 일정한 비율로 줄여 약속된 기호를 사용하여 평면에 그린 그림.

• ㉡ 생산이나 소비 등과 관련된 사람들의 활동.

• ㉢ 많은 인구가 모여 살며 일정 지역의 정치, 경제, 문화의 중심이 되는 곳.

2 이야기의 내용과 일치하는 것은 O에 표시하고, 그렇지 <u>않은</u> 것은 X에 표시하세요.

내용
이해

(1) 우리 조상들은 옛날부터 지도를 만들어 사용했습니다. (O / X)

(2) 김정호는 「대동여지도」를 완성했습니다. (O / X)

(3) 「대동여지도」는 실제와 다른 부분이 많아 백성들이 이용하기 어려웠 (O / X)
습니다.

3 다음 글을 읽고 「대동여지도」의 특징이 <u>아닌</u> 것을 고르세요. ( )

사고력

김정호가 만든 「대동여지도」는 이전의 지도에 비해 매우 정확하고 과학적이었어요. 산맥, 하천, 도로 등이 매우 자세히 표시되어 있어 실생활에 이용하기 편리했지요. 또한 차곡차곡 접으면 한 권의 책이 되어 가지고, 다니기 편했어요. 그리고 목판으로 만들어져 계속 인쇄가 가능했답니다.

① 정확하고 과학적입니다.
② 목판으로 만들어졌습니다.
③ 김정호가 만든 지도입니다.
④ 가지고 다니기 편리합니다.
⑤ 산맥, 하천, 도로 등은 표시되어 있지 않습니다.

로빈아! 이제 **구조도의 빈칸**만 채우면
김정호 이야기는 확실히 알고 넘어가는 거야! 할 수 있지?

왈왈!

5 주
1 일

4 다음 보기 중 구조도의 빈칸에 들어갈 알맞은 어휘를 고르세요.

요약
정리

보기　　　　　　　김정호　　　　　　　대동여지도

내가 직접 전국을 다니며
지도를 제작하겠어!

「☐☐☐☐☐」

21 김정호　**109**

22

왕의 아버지가 되어 나라를 움직인
흥선 대원군

1863년
철종 사망

1863년
고종 즉위, 흥선 대원군의
국정 장악

1873년
흥선 대원군 하야

어휘 미리보기

기 회
어떠한 일을 하는 데 적절한 시기나 경우.

왕 대 비
살아 있는, 이전 왕의 왕비.

서 원
조선 시대에 학문 연구 등을 위해 만들어진 교육 기관.

서 양
유럽과 남북아메리카의 여러 나라를 통틀어 이르는 말.

등 장
사물이나 이론, 인물 등이 새로이 세상에 나옴.

오 명
더러워진 이름이나 명예.

어휘 사용하기

온달아. **서원**에 대한 발표 준비 마무리는 잘 하고 있어?

응! 발표 끝나고 **기회**가 되면 아이들이 잘 들었는지 질문도 해 볼까 해.

열심히네~ 근데 이 주제는 처음 **등장**한 거라 쉽지 않았겠다.

저번에 **서양**이 조선을 침략했던 사건을 발표했을 때, 실수했던 **오명**을 이번에 벗어야 하는데 말야.

에이~ 그래도 성공적이었잖아. 이번에도 열심히 준비했으니 잘 할 거야!

> 흥선 대원군은 고종이 왕이 되자 어린 고종을 대신해서
> 나라를 다스렸어. 흥선 대원군이 어떤 일을 했는지 알아보자.

왕의 아버지 흥선 대원군은 조선 후기에 큰 힘을 가지고 있던 안동 김씨의 말을 잘 따랐어. 하지만 속으로는 그렇지 않았지.

"비록 지금 내가 안동 김씨에게 머리를 숙이지만 반드시 큰 뜻을 이루리라."

때마침 흥선 대원군에게 기회가 찾아왔어. 바로 왕실의 큰 어른인 왕대비가 안동 김씨를 싫어한다는 것이었지. 흥선 대원군은 대비와 친하게 지내며 자신의 아들을 왕으로 만들고자 했어. 그리고 마침내 철종이 죽고 아들이 없자, 자신의 아들을 왕으로 만드는 데 성공했지.

↑ 척화비

정치 활동 흥선 대원군은 안동 김씨가 정치를 하면서 망가뜨린 나라를 다시 세우기 위해 노력했어.

"이제 일반 백성뿐만 아니라 양반에게도 세금을 거두겠다. 가난한 백성에게 쌀을 나눠 주며, 백성을 괴롭히는 서원을 없앨 것이다."

한편 흥선 대원군은 서양 국가의 침략에도 적극적으로 맞섰어. 강화도를 공격해 온 프랑스와 미국을 물리쳤지. 이후 그는 전국에 '척화비'를 세워 서양과 친하게 지내지 않겠다는 뜻을 널리 알렸어.

쓸쓸한 말년 아들 고종이 어른이 되고 며느리인 명성 황후가 등장하자, 흥선 대원군은 힘을 잃었어. 말년에 이르러 일본이 동학 농민 운동을 계기로 경복궁을 점령하자, 이를 수습하며 잠시 힘을 얻었지. 하지만 일본과 청나라가 우리나라를 놓고 싸우는 과정에서 흥선 대원군은 일본에 이용당하며 오명을 남겼어.

왈왈!

로빈아! 설쌤과 함께 읽어본 흥선 대원군 이야기 재밌었지?
제대로 읽고 이해했는지 **문제**를 통해 같이 **확인**해 보자!

1

어휘력

다음 뜻풀이에 알맞은 낱말을 **보기** 에서 골라 쓰세요.

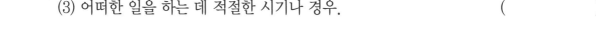

보기   기회   오명   왕대비

(1) 더러워진 이름이나 명예.   (   )

(2) 살아 있는, 이전 왕의 왕비.   (   )

(3) 어떠한 일을 하는 데 적절한 시기나 경우.   (   )

2

내용
이해

다음은 이 이야기에 대한 평강이와 온달이의 대화입니다. 알맞지 **않은** 것의 기호를 쓰시오.

> 평강: ㉠ 흥선 대원군은 자신의 아들을 왕으로 만들려고 했던 꿈을 이루었어.
> 온달: 맞아. ㉡ 권력을 잡은 흥선 대원군은 안동 김씨가 망가뜨린 세상을 바꾸려고 했어.
> 평강: ㉢ 양반들에게도 세금을 걷고, 백성들에게는 쌀을 나누어 주었지.
> 온달: 그리고 ㉣ 서양 세력과도 친하게 지내면서 외교 정책을 펼쳤어.

(   )

3

사고력

다음 글을 읽고 흥선 대원군이 한 일이 **아닌** 것을 고르세요.   (   )

> 왕권을 잡은 흥선 대원군은 가장 먼저 왕권을 강화하려 했어요. 임진왜란 때 불
> 탔던 경복궁을 다시 세웠지요. 흥선 대원군은 백성들에게 걷는 세금을 줄이고, 양
> 반에게 세금을 내게 하는 호포제도 실시했지요. 또한 점점 변질되어 가는 많은 서
> 원들을 없애 나라를 바로잡으려고 했어요.

① 서원을 없앴습니다.   ② 신분제를 없앴습니다.

③ 호포제를 실시했습니다.   ④ 경복궁을 다시 지었습니다.

⑤ 백성들의 세금을 줄였습니다.

왈왈!

로빈아! 이제 **구조도의 빈칸**만 채우면
흥선 대원군 이야기는 확실히 알고 넘어가는 거야! 할 수 있지?

4
요약
정리

다음 보기 중 구조도의 빈칸에 들어갈 알맞은 어휘를 고르세요.

보기　　　고종　　　서원　　　대원군　　　척화비

양반에게도
세금을 거둠.

서양 국가의
침략을 막아 냄.

흥선 ☐☐☐

☐☐ 정리

아들 ☐☐

☐☐☐ 건립

23

동학 농민 운동을 이끈 녹두 장군
전봉준

1855년	1894년	1895년
전봉준 출생	동학 농민 운동 발생	전봉준 사망

어휘 미리보기

동학
조선 시대에 유교, 불교, 도교의 교리를 융합하여 창시한 민중 종교.

지역
일정하게 구획된 어느 범위의 토지.

정부
행정을 맡아보는 국가 기관.

봉기
벌떼처럼 떼 지어 세차게 일어남.

왕궁
임금이 거처하는 궁전.

무기
전쟁이나 싸움에 사용되는 기구.

어휘 사용하기

평강아!
나 어제 가족끼리 전주 다녀왔다!

정말? 전주에서 어디 다녀왔어?
그 **지역**의 맛집도 가 봤어?

맛집은 당연히 갔지!
그리고 **동학** 농민 운동 기념관에도
다녀왔어!

동학 농민 운동이라면, 동학 농민군이
정부를 상대로 **무기**를 들고 **봉기**했던
그 운동 말하는 거지?

맞아!
정말 의미 있는 시간이었어!

고종 때 지방의 관리들이 백성들을 괴롭히고 재산을 빼앗자
전봉준을 중심으로 동학 농민 운동이 일어났어.

'녹두'의 의미 전봉준은 '녹두 장군'으로 알려져 있어. 전봉준은 왜 작은 식물인 '녹두'라 불렸을까? 그것은 바로 전봉준의 키가 어릴 때부터 다른 사람에 비해 매우 작았기 때문이야. 어른이 되었음에도 150cm 정도밖에 되지 않았거든.

동학의 지도자 전봉준은 '사람이 곧 하늘'이라고 주장하는 동학에 들어갔어. 이어 전라도 고부라는 지역에서 동학의 지도자로 활동하게 되었지. 그런데 당시 고부의 관리는 백성들을 심하게 괴롭혔어. 전봉준이 이에 맞섰지.

"더 이상 참지 못한다! 못된 관리를 몰아내자!"

전봉준은 농민들과 힘을 모아 관아로 쳐들어갔어. 이로 인해 조선 정부에서는 난리가 났지. 정부는 전봉준과 그 무리들을 탄압하기 시작했어. 이후 전봉준은 농민군을 만들어 본격적으로 봉기를 일으켰어. 전봉준이 이끄는 군대는 여러 곳에서 정부군을 공격했지.

전봉준의 죽음 동학 농민 운동이 일어나자, 조선 정부는 청에 도움을 요청했어. 그러자 조선을 탐내던 일본도 조선으로 군대를 보냈어. 그런데 일본은 조선에 들어오자마자 왕궁을 점령하고, 청을 공격했지. 이에 전봉준은 일본을 몰아내기 위해 다시 일어났어.

"일본군을 몰아내고 나라를 바로 세우자!"

하지만 동학 농민군은 일본군의 어마어마한 무기 앞에서 크게 패하고 말았어. 전봉준도 정부군에게 붙잡혀 목숨을 잃었지. 이후 사람들은 '새야 새야 파랑새야'라는 노래를 부르며 전봉준의 죽음을 안타까워했어.

로빈아! 설쌤과 함께 읽어본 전봉준 이야기 재밌었지?
제대로 읽고 이해했는지 **문제**를 통해 같이 **확인**해 보자!

왈왈!

① 다음 낱말에 알맞은 뜻풀이를 **보기**에서 골라 기호를 쓰세요.

어휘력

> **보기**
> ㉠ 전쟁이나 싸움에 사용되는 기구.
> ㉡ 벌떼처럼 떼 지어 세차게 일어남.
> ㉢ 조선 시대에 유교, 불교, 도교의 교리를 융합하여 창시한 민중 종교.

(1) 봉기 (   )   (2) 동학 (   )   (3) 무기 (   )

② 이야기의 내용으로 알맞은 것은 무엇인가요?   (   )

내용
이해

① 정부는 동학 농민군을 지지했습니다.

② 전봉준의 키는 어릴 때부터 매우 컸습니다.

③ 동학 농민군은 일본과의 싸움에서 크게 승리했습니다.

④ 전봉준은 고부 지역에서 동학의 지도자로 활동했습니다.

⑤ 청나라는 조선에 들어오자마자 궁궐을 장악하고 일본을 공격했습니다.

③ 다음 글을 읽고 빈칸에 들어갈 알맞은 말을 쓰세요.

사고력

> 동학 농민 운동을 이끌던 전봉준이 죽자, 사람들은 노래를 지어 불렀어요.
>
> 새야 새야 파랑새야 녹두밭에 앉지 마라.
> 녹두 꽃이 떨어지면 청포 장수 울고 간다.
>
> 녹두 꽃은 전봉준을 의미하고, 청포 장수는 백성을 상징한다고 해요. 따라서 이 노래는 전봉준의 죽음을 백성들이 슬퍼한다는 내용이랍니다.

→ '새야 새야 파랑새야'는 (   )을/를 백성들이 슬퍼하는 내용의
   노래입니다.

로빈아! 이제 **구조도의 빈칸**만 채우면
전봉준 이야기는 확실히 알고 넘어가는 거야! 할 수 있지?

왈왈!

4 요약 정리 다음 보기 중 구조도의 빈칸에 들어갈 알맞은 어휘를 고르세요.

보기　　　동학　　　녹두　　　전봉준

□□ 장군
몸집이 작음.

□□의 지도자
백성을 괴롭히는
고부의 관리를 몰아내고자 봉기

체포
왕궁을 점령한 일본을
몰아내고자 봉기
→ 일본군에게 크게 패배하고
체포됨.

24 우리나라 최초의 천주교 신부 김대건

1821년
김대건 출생

1845년
한국 천주교 최초의
신부가 됨

1846년
김대건 순교

어휘 미리보기

신부
천주교에서 사제로 임명을 받은 성직자.

평등
권리, 의무, 자격 등이 차별 없이 고르고 한결같음.

고문
숨기고 있는 사실을 강제로 알아 내기 위하여 여러 가지 신체적·정신적 고통을 가하며 물음.

당당
남 앞에서 내세울 만큼 떳떳한 모습이나 태도.

희생
목적을 위해 자신의 목숨, 재산, 명예, 이익 등을 바치거나 버림.

문화
의식주를 비롯하여 언어, 풍습, 도덕, 종교, 학문, 예술 및 각종 제도 따위를 모두 포함하는 것.

어휘 사용하기

평강아. 저번에 견학 갔을 때 들었던 신부님 이야기 기억나?

응. 그분이 우리 문화를 지키기 위해 희생하신 이야기가 감동적이었어.

맞아. 힘든 고문도 당당하게 이겨 내셨잖아.

그분은 사람들은 모두 평등하다고도 거듭 말씀하셨대.

정말 대단한 분이셨구나!

김대건은 우리나라 최초의 천주교 신부로 목숨을 잃은 사람이야.
그는 왜 끝까지 **천주교**를 포기하지 않았을까?

천주교 집안 김대건은 우리나라 최초의 천주교 신부로 알려져 있어. 김대건의 집안은 대대로 천주교를 믿어 왔어. 천주교는 평등 사상을 내세웠기 때문에 정부로부터 탄압을 받았어. 조선은 양반 중심의 신분제 사회였기 때문에 양반과 노비가 동등하다는 내용을 받아들일 수 없었지.

⬆ 김대건 신부 유적

우리나라 최초의 신부 조선 후기, 한 서양의 신부가 조선에 들어왔어. 그는 조선 사람들에게 천주교를 전하고 다녔는데, 그때 우연히 어린 김대건과 만났어.

"제가 대건이를 데려다가 천주교 신부로 키우고자 합니다."

이 말을 들은 김대건의 부모님은 반대는커녕 오히려 반가워했지. 이후 김대건은 청나라로 건너가 열심히 천주교 공부를 하다가 그곳에서 조선인 최초의 신부로 임명되었어.

이후 김대건은 조선에 천주교를 전하러 들어왔다가 그만 붙잡히고 말았지.

"천주교를 버려라! 그러면 목숨은 살려 주겠다."

"내 목숨은 빼앗을 수 있어도 천주교를 버릴 수는 없다!"

심한 고문에도 김대건은 당당했어. 하지만 스물여섯의 나이로 끝내 목숨을 잃고 말았지. 종교를 위해 자신을 희생한 거야.

2021 유네스코 세계 기념 인물 선정 세계의 문화, 역사 그리고 환경 등을 지키기 위해 만들어진 유네스코에서 2021년에 김대건을 세계 기념 인물로 뽑았어. 그 이유는 김대건이 길지 않은 삶을 살았지만, 조선인 최초의 신부로서 많은 사람들에게 사랑과 평등을 전하고자 했기 때문이야. 😊

로빈아! 설쌤과 함께 읽어본 김대건 이야기 재밌었지?
제대로 읽고 이해했는지 **문제**를 통해 같이 **확인**해 보자!

왈왈!

1

어휘력

다음 낱말과 뜻을 알맞게 선으로 이으세요.

(1) 당당 • 　　　　　　• ㉠ 천주교에서 사제로 임명을 받은 성직자.

(2) 평등 • 　　　　　　• ㉡ 남 앞에서 내세울 만큼 떳떳한 모습이나 태도.

(3) 신부 • 　　　　　　• ㉢ 권리, 의무, 자격 등이 차별 없이 고르고 한결같음.

2

내용
이해

이야기의 내용을 알맞게 말하지 <u>못한</u> 친구의 이름을 쓰세요.

정우: 김대건은 우리나라 최초의 신부입니다.

은서: 조선 시대에 천주교는 환영받는 종교였습니다.

소미: 김대건은 청나라에서 신부로 임명되었습니다.

(　　　　　　　　)

3

사고력

다음 글을 읽고 조선 시대에서 천주교를 탄압한 이유가 <u>아닌</u> 것을 보기 에서 골라 기호를 쓰세요.

　천주교는 모든 사람은 평등하다는 사상을 내세웠어요. 현실이 힘들더라도 바르게 살면 천국에 갈 수 있다고 했지요. 이러한 천주교의 사상은 힘없는 백성들에게 위안이 되었어요. 하지만 양반 중심의 신분제 사회였던 조선은 이러한 천주교 사상을 받아들일 수 없었지요. 또한 하느님을 섬기며 유교적 제사를 거부하는 천주교가 사회 질서를 무너뜨릴 것이라고 생각하여 조선 시대에는 천주교를 탄압했어요.

보기 　㉠ 제사를 거부하였기 때문입니다.
　　　 ㉡ 평등 사상을 내세웠기 때문입니다.
　　　 ㉢ 양반 중심의 사상을 내세웠기 때문입니다.

(　　　　　　　　)

로빈아! 이제 **구조도의 빈칸**만 채우면
김대건 이야기는 확실히 알고 넘어가는 거야! 할 수 있지?

왈왈!

4 다음 보기 중 구조도의 빈칸에 들어갈 알맞은 어휘를 고르세요.

요약
정리

보기   신부   양반   김대건   천주교

조선 사회   ──탄압──▶   ☐☐☐

☐☐ 중심의   평등 사상
신분제 사회   ──탄압──▶   ☐☐☐

• 우리나라 최초의 천주교 ☐☐
• 2021 유네스코 세계 기념 인물 선정

25

'사람이 곧 하늘' 동학을 창시한
최제우

1824년	1860년	1864년
최제우 출생	동학 창시	최제우 순교

어휘 미리보기

서 학
조선 시대에, '천주교'를 이르던 말.

예 수
기독교의 창시자.

종 교
신이나 초자연적인 절대자 또는 힘에 대해 믿는 문화 체계.

탄 압
권력이나 무력 따위로 억지로 눌러 꼼짝 못 하게 함.

관 아
예전에, 벼슬아치들이 모여 나랏일을 처리하던 곳.

술 법
일을 교묘하게 잘 꾸미는 생각이나 방법.

어휘 사용하기

 평강아. 옛날 조선 시대에 **서학**이랑 동학의 차이점 좀 가르쳐 줘.

응. **서학**은 서양에서 온 종교 또는 학문이라고 해서 그렇게 불렀던 거고, 동학은 그에 대비되는 개념으로 우리나라에서 생긴 거야.

둘 다 관아에서 **탄압**을 받았다는 공통점이 있지.

 아! 처음에 동학이 생겼을 땐 못된 **술법**을 쓴다는 누명을 씌우기도 했다고 들었어.

당시엔 **종교**의 자유가 없어서 정말 힘들었을 거야.

조선 후기, **최제우**는 우리만의 종교인 **동학**을 만들었어.
최제우와 동학에 대해 같이 살펴보자.

동학의 창시 어릴 적 최제우는 이곳저곳을 돌아다녔어. 그때 최제우는 서학(천주교)을 믿었다는 죄로 목숨을 잃는 사람들을 보았어. 그리고 곰곰이 생각했지.

"서학에서는 예수라는 신을 하늘로 믿는데, 진짜 하늘은 사람이 아닐까?"

이후 최제우는 '사람이 곧 하늘(인내천)'이라고 주장하며 동학이라는 종교를 만들었지.

정부의 탄압 조선 시대는 양반을 중심으로 한 신분제 사회였기 때문에, 평등 사상을 내세우던 동학은 정부의 **탄압**을 받았어. 그럼에도 동학을 믿는 사람들이 계속 늘어나자 관아에서는 최제우가 이상한 술법을 쓰고 있다며 그를 잡아들였어. 그러자 최제우를 따르는 제자들이 관아에 몰려와 소리쳤어.

"하늘과 사람을 귀하게 여기라는 것이 어찌 이상한 술법이오! 스승님을 풀어 주시오!"

이 말을 들은 관아에서는 어쩔 수 없이 최제우를 풀어 주었어. 하지만 얼마 후, 정부는 동학이 나라를 어지럽게 한다는 이유로 최제우를 다시 잡아들여 사형에 처했지.

천도교로 발전 최제우가 만든 동학은 그가 죽고 나서도 무너지지 않았어. 동학 농민 운동으로 이어졌지. 비록 동학 농민 운동은 실패로 끝났지만, 동학은 계속 발전하여 천도교가 되었어. 이후 천도교는 일제 강점기에 나라를 되찾기 위한 독립운동에 적극적으로 참여했어.

로빈아! 설쌤과 함께 읽어본 최제우 이야기 재밌었지?
제대로 읽고 이해했는지 **문제**를 통해 같이 **확인**해 보자!

왈왈!

1

어휘력

다음 낱말에 알맞은 뜻풀이를 보기에서 골라 기호를 쓰세요.

보기
ㄱ 일을 교묘하게 잘 꾸미는 생각이나 방법.
ㄴ 권력이나 무력 따위로 억지로 눌러 꼼짝 못하게 함.
ㄷ 신이나 초자연적인 절대자 또는 힘에 대해 믿는 문화 체계.

(1) 탄압 (   )   (2) 술법 (   )   (3) 종교 (   )

2

내용
이해

이야기의 내용과 일치하는 것은 O에 표시하고, 그렇지 않은 것은 X에 표시하세요.

(1) 최제우는 동학이라는 종교를 만들었습니다.   (O / X)

(2) 정부에서는 동학을 지지하였습니다.   (O / X)

(3) 동학은 이후 천도교로 발전하였습니다.   (O / X)

3

사고력

다음 글의 내용을 알맞게 말하지 못한 친구의 이름을 쓰세요.

동학은 사람이 곧 하늘이라는 인간 중심의 사상을 내세웠어요. 또한 평등 사상을 주장하며 나라를 지키고 백성을 잘살게 해야 한다고 생각했지요. 이로 인해 백성들은 동학을 지지했어요. 하지만 정부에서는 최제우가 민심을 어지럽힌다며 그를 잡아들여 사형에 처했지요. 하지만 동학의 기세는 사그라들지 않고 점점 퍼져 나갔어요.

현주: 동학은 평등 사상을 주장했습니다.
민정: 최제우가 처형당하자 동학은 사라졌습니다.
주아: 동학은 사람이 곧 하늘이라는 인간 중심의 사상을 내세웠습니다.

(   )

로빈아! 이제 **구조도의 빈칸**만 채우면
최제우 이야기는 확실히 알고 넘어가는 거야! 할 수 있지?

왈왈!

4 다음 (보기) 중 구조도의 빈칸에 들어갈 알맞은 어휘를 고르세요.

요약
정리

(보기)　　평등　　　동학　　　최제우　　　천도교

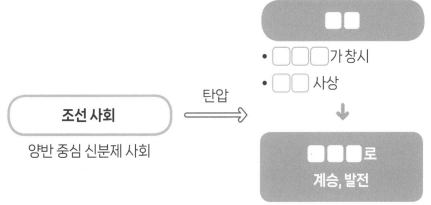

조선 사회

양반 중심 신분제 사회

탄압 →

□□
• □□□가 창시
• □□ 사상
↓
□□□로
계승, 발전

독립운동에 적극 참여함.

" 역사의 소용돌이 속에서 다른 길을 갔던 두 인물 "

흥선 대원군은 고종이 즉위하자 왕권을 강화하는 한편 통상 수교 거부 정책도 같이 추진했어. 그는 서양 오랑캐가 침입하는데, 싸우지 않으면 화친하자는 것이고, 화친을 주장하는 것은 나라를 파는 것이라고 하며 프랑스와 미국의 침입을 물리쳤어. 그러나 그의 집권 기간만큼 나라의 문을 늦게 열어 이웃 나라 일본과의 경쟁에서 밀리게 돼.

◆ 이하응 초상

흥선 대원군

출생	1821년
사망	1898년
한 줄 요약	통상 수교 거부를 추진한 인물
연관 키워드	고종의 아버지 섭정 프랑스와 미국의 침입 척화비

흥선 대원군 VS 명성 황후

그에 비해 명성 황후는 서양 국가들과 싸우기보단 나라의 문을 열어 외국의 물건을 들여와 근대화를 이루어야 한다고 생각했어. 그래서 흥선 대원군의 집권을 물리치고 고종을 내세우며 자신이 권력을 쥐기 시작한 거지. 하지만 준비되지 않은 채 개항을 하게 되면서 조선의 경제가 피해를 입었어.

명성 황후

출생	1851년
사망	1895년
한 줄 요약	일본인들에게 피살된 왕비
연관 키워드	개화 정책 민씨 정권 임오군란 을미사변

사진 출처

1권

26쪽, 30쪽	김해 수로왕릉_국가유산포털
31쪽	경주 탈해왕릉_국가유산포털
47쪽	무령왕릉_국가유산포털
59쪽	광개토 대왕릉비_국립중앙박물관
67쪽	서울 북한산 진흥왕 순수비_국가유산포털
91쪽	부석사 무량수전_국가유산포털
95쪽	첨성대_국가유산포털
111쪽, 126쪽	경주 김유신묘_한국민족문화대백과사전
127쪽	계백 장군 유적 전승지_한국민족문화대백과사전

2권

30쪽	논산 전 견훤 묘_한국민족문화대백과사전
31쪽	경기 개성 고려 태조 현릉_국립중앙박물관
54쪽	서희 흉상_전쟁기념관
55쪽	강감찬 흉상_전쟁기념관
71쪽	삼국사기_한국민족문화대백과사전
75쪽	삼국유사_국가유산포털
78쪽	삼국사기_한국민족문화대백과사전
79쪽	군위 인각사지 경내_한국민족문화대백과사전
99쪽	안향 초상_국가유산포털
126쪽	공민왕·노국공주 초상 중 공민왕_국립고궁박물관

3권

19쪽	호패_한국민족문화대백과사전
23쪽	훈민정음_한국민족문화대백과사전
27쪽	창경궁 자격루_국가유산포털
39쪽	신사임당 초충도_국립중앙박물관
54쪽	신사임당 초충도_국립중앙박물관
55쪽	성학집요_한국민족문화대백과사전
67쪽	동의보감_국가유산포털
91쪽	수원 화성_수원특례시청-수원관광
95쪽	거중기_한국민족문화대백과사전
99쪽	서당, 《단원 풍속도첩》_국립중앙박물관
107쪽	대동여지도_국립중앙박물관
111쪽	척화비_국립중앙박물관
119쪽	당진 솔뫼마을 김대건신부 유적_국가유산포털
126쪽	이하응 초상_국립중앙박물관

4권

63쪽	님의 침묵_한국민족문화대백과사전

✦ 초등학생이 알아야 할 한국사 인물 100명!

설민석의 초등 한국사 독해

초등

③

정답과 도움말

▶ 설쌤의 다양한 한국사 동영상 특별 제공

설쌤이 들려주는 한국사
인물 이야기로 초등 독해력 완성

✦ 초등학생이 알아야 할 한국사 인물 100명!

설민석의 한국사 독해

초등

정답과 도움말

01 이성계
010~013쪽

❶ (1) 점령 (2) 의욕 (3) 명중

❷ (1) ○ (2) X (3) ○

도움말

(2) 이성계는 요동을 정벌하자는 최영의 주장에 반대하였습니다.

❸ ④

한양은 나라의 중심에 있어 어느 지역으로든 이동이 쉬웠고, 한강을 이용하여 배로 물건을 옮기기도 쉬웠습니다. 또 넓은 들판이 있어 농사를 짓기 적합했고, 산들로 둘러싸여 있어서 적들의 침입을 막기에도 적합했습니다.

❹

```
            이성계
위화도 회군        ↘
            최영 제거  ⟶  조선 건국
```

02 정도전
014~017쪽

❶ (1) ㉠ (2) ㉢ (3) ㉡

❷ 나래

정도전은 조선의 건물의 이름을 직접 지었습니다. 경복궁은 '큰 복을 누리다.'라는 뜻이고, 근정전은 '부지런히 정치하다.'라는 뜻입니다.

❸ (1) 신하 (2) 왕권

정도전은 왕과 신하가 조화를 이루며 나라를 다스려야 한다고 생각했습니다. 하지만 이방원은 왕권이 아주 강력한 나라를 원했습니다.

❹

정도전

조선 건국	→	수도 한양 건설	→	죽음
이성계를 도와 건국		• 성문과 궁궐의 이름을 지음. • 시장, 도로 등 계획		이방원에 의해 죽임을 당함.

03 태종
018~021쪽

1 (1) ㉡ (2) ㉢ (3) ㉠

2 ㉠

이방원은 두 차례의 왕자의 난을 통해 권력을 잡고 조선의 세 번째 왕인 태종이 되었습니다.

3 ①, ②

조선의 세 번째 왕인 태종은 신문고를 만들고, 호패법을 실시하였습니다. 그리고 노비를 마음대로 사고팔 수 없도록 하는 등의 제도를 만들어 왕권을 강화하고 나라를 안정시켰습니다.

4

이방원
↓
제1차 왕자의 난 + 제2차 왕자의 난
⇩
조선의 제3대 왕
• 왕권 강화 정책
• 호패법 실시

04 세종
022~025쪽

1 (1) 총명 (2) 기술 (3) 칭호

도움말

(1) 세종이 어릴 때부터 똑똑하여 학문에 관심이 많았다는 내용이므로, '보거나 들은 것을 오래 기억하는 힘이 있음. 또는 그 힘.'이라는 뜻의 '총명'이 알맞습니다.

(2) 세종이 과학에 관심이 많아 여러 발명품들이 만들어졌다는 내용이므로, '과학 이론을 실제로 적용하여 인간 생활에 쓸모가 있게 하는 수단.'이라는 뜻의 '기술'이 알맞습니다.

(3) 세종은 대단한 업적을 남겨 '세종 대왕'이라는 이름으로도 불린다는 내용이므로, '어떠한 뜻으로 부르거나 말하는 이름.'이라는 뜻의 '칭호'가 알맞습니다.

2 ②

태종의 셋째 아들이었던 세종은 어릴 때부터 학문에 관심이 많았습니다. 왕이 된 세종은 많은 업적을 남겼습니다. 백성들을 위해 한글을 만들었고, 조선의 현실에 알맞은 여러 가지 책들을 펴냈습니다. 또한 과학 기술 발전에도 힘썼습니다. 이렇게 여러 업적을 남긴 세종은 '세종 대왕'이라고도 불립니다.

3 백성

세종은 백성들이 살기 좋은 나라를 만들기 위해 훈민정음을 만들고 과학 기술을 발전시켰습니다.

4

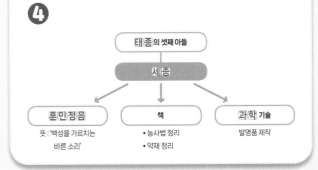

태종의 셋째 아들
↓
세종
↙ ↓ ↘
훈민정음 / 책 / 과학 기술
뜻: '백성을 가르치는 / • 농사법 정리 / 발명품 제작
바른 소리' / • 약재 정리

2주

05 장영실
026~029쪽

❶ (1) 보답 (2) 관찰 (3) 신임

❷ 미소

당시에 노비가 벼슬을 얻는다는 것은 아주 어려운 일이었지만, 세종은 재능이 뛰어난 장영실에게 벼슬을 내렸습니다.

❸ ③

장영실은 해와 달, 별 등의 위치와 움직임을 살피는 기구인 간의, 혼천의를 발명하였습니다. 또한 시간을 알 수 있는 기구인 앙부일구와 자격루를 발명하였습니다.

❹

```
세종 ──→ 장영실 ── 앙부일구 발명
                        해시계
         • 뛰어난 손재주
         • 노비 출신
                      ── 자격루 발명
 • 중국에 유학을 보내줌.              물시계
 • 벼슬을 내림.
```

06 이황
034~037쪽

❶ (1) ○ (2) X (3) ○

도움말

(2) '대표'는 '전체의 상태나 특징을 어느 하나로 잘 나타냄. 또는 그런 것.'이라는 뜻입니다. '예전에 한문을 가르치는 곳.'은 '서당'의 뜻입니다.

❷ ㉣

이황은 높은 관직보다 제자들을 가르치는 일에 더 관심이 많았습니다. 결국 이황은 관직에서 물러나 고향으로 가서 도산 서당을 세우고 제자들을 가르쳤습니다.

❸ 성리학

관직에서 물러난 이황은 고향에 도산 서당을 세워 제자들을 가르쳤고, 성리학의 발전에 도움되는 책들을 쓰며 지냈습니다.

❹

```
          이황       ──→   도산 서당 건립
   조선 시대의 대표적인 성리학자        • 제자를 길러 냄.
                               • 일본 성리학에 영향을 끼침.
              │
              ▼
        관직에서 물러남.
```

07 신사임당
038~041쪽

❶ (1) 모자 (2) 모범 (3) 실제

❷ (1) ○ (2) ○ (3) ✗

> **도움말**
>
> (3) 오늘날 오만 원 지폐에 신사임당이 그려져 있습니다. 오천 원 지폐에는 신사임당의 아들 이이가 그려져 있습니다.

❸ ④
신사임당은 아주 작은 풀과 벌레, 꽃, 나비일지라도 잘 드러나도록 섬세하게 묘사하였습니다.

❹
```
            신사임당
          ╱        ╲
       화가          어머니
  실제처럼 생생하게   아들 이이는
   그림을 잘 그림.   조선 최고의 학자가 됨.
```

08 이이
042~045쪽

❶ (1) © (2) © (3) ⊙

❷ ①, ④
이이는 신사임당의 아들로, 관직을 맡아 나라 개혁에 힘썼습니다. 세금 제도를 고쳐야 한다고 주장하며 나라를 바르게 다스리는 방법이 담긴 책을 왕에게 바치기도 했습니다.

❸ 개혁
이이는 적극적으로 정치에 참여하여 나라의 개혁에 힘썼습니다. 자신의 생각을 책으로 써 왕에게 바치기도 하고, 백성들을 도울 제도를 건의하고 규범을 만들었습니다.

❹
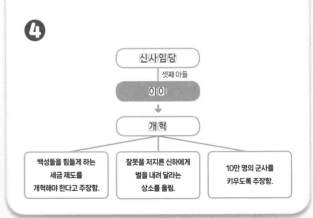

09 류성룡

046~049쪽

❶ (1) X (2) ◯ (3) X

도움말

(1) '지혜'는 '삶의 이치와 옳고 그름을 잘 이해하고 판단하는 능력.'이라는 뜻입니다. '사람들에게 높은 평가를 받으며 세상에 널리 알려진 이름.'은 '명성'의 뜻입니다.

(3) '집중'은 '한 가지 일에 모든 힘을 쏟아부음.'이라는 뜻입니다. '고장 나거나 허름한 데를 손보아 고침.'은 '수리'의 뜻입니다.

❷ ④

류성룡은 전쟁에 대비하여 군인을 찾을 때, 유명하거나 명성이 있는 사람보다는 잘 알려져 있지 않지만 능력이 뛰어난 사람을 찾았습니다. 이때 류성룡이 찾은 사람이 권율과 이순신입니다.

❸ 유리

『징비록』에는 전투에 대한 기록뿐 아니라 외교, 정치, 경제 등 여러 방면의 내용이 담겨 있습니다.

❹

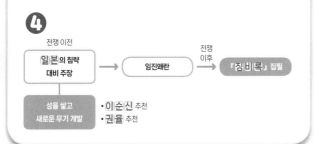

10 이순신

050~053쪽

❶ (1) 정복 (2) 피신 (3) 열세

도움말

(1) 일본이 조선을 무력으로 쳐서 복종시키려 했다는 내용이므로, '다른 민족이나 나라를 무력으로 쳐서 복종시킴.'이라는 뜻의 '정복'이 알맞습니다.

(2) 선조가 일본군의 공격을 피해 몸을 숨겼다는 내용이므로, '위험을 피하여 몸을 숨김.'이라는 뜻의 '피신'이 알맞습니다.

(3) 조선 수군의 세력이 약했지만 이순신이 승리했다는 내용이므로, '상대편보다 힘이나 세력이 약함.'이라는 뜻의 '열세'가 알맞습니다.

❷ ㉠ - ㉢ - ㉣ - ㉡

통일된 일본은 조선으로 쳐들어왔습니다(㉠). 식량이 부족해진 일본군은 배로 식량을 보내려 했지만, 이순신의 활약으로 인해 이를 포기했습니다(㉢). 일본은 이순신을 물러나게 했지만, 돌아온 이순신은 조선 수군의 열세에도 불구하고 큰 승리를 거두었습니다(㉣). 임진왜란이 7년 가까이 이어질 무렵, 이순신은 돌아가려는 일본군을 노량에서 공격했습니다(㉡). 이 전투에서 이순신은 목숨을 잃고, 임진왜란은 막을 내렸습니다.

❸ 지민

거북선은 많은 군사들이 탈 수 있을 정도로 컸습니다.

❹

3주

11 곽재우
058~061쪽

1 (1) ⓒ (2) ㉠ (3) ㉡

2 ⓒ

곽재우가 이끄는 의병은 일본군에 비해 군사의 수도 적고, 무기도 부족했습니다. 따라서 곽재우는 적과 정면으로 싸우지 않고 익숙한 지형을 이용하여 적을 유인한 뒤 공격하였습니다.

3 ㉠

임진왜란이 일어나자, 군사들은 모두 패하고 왕은 북쪽으로 피신했습니다. 이때 곽재우를 비롯한 선비들이 앞장서서 의병을 일으켰습니다. 의병은 양반부터 천민까지 다양했고, 승려들도 무기를 들고 일본군과 싸웠습니다.

4

임진 왜란 → (전쟁 발생) 홍의 장군 의병(으)로 대활약 → (전쟁 이후) 고향으로 돌아가 조용히 살아감.

12 광해군
062~065쪽

1 (1) 지시 (2) 의리 (3) 폐위

2 (1) ○ (2) X (3) ○

> **도움말**
>
> (2) 명나라는 후금과의 전쟁을 위해, 조선에게 군대를 보내 달라고 했습니다. 하지만 광해군은 전쟁으로 백성들을 다치게 할 수 없다고 생각했습니다. 고민 끝에 광해군은 적당히 싸우다가 후금에 항복하라고 군대에 지시하여, 명의 말도 따르고 후금에도 대항하지 않는 중립 외교 정책을 펼쳤습니다.

3 ㉠, ㉢

광해군은 백성들을 위해 특산물이 아닌 토지가 있는 사람에게 쌀을 걷는 세금 제도인 대동법을 실시했습니다. 그리고 명나라와 후금 사이에서 조선이 이익을 얻을 수 있도록 중립 외교를 실시했습니다.

4

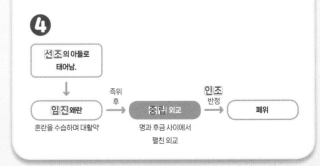

선조의 아들로 태어남. → 임진 왜란 혼란을 수습하며 대활약 → (즉위 후) 중립 외교 명과 후금 사이에서 펼친 외교 → (인조 반정) 폐위

13 허준

❶ (1) ㉢ (2) ㉡ (3) ㉠

❷ 준수

허준의 아버지는 양반이었고 어머니는 첩이었습니다. 따라서 서자인 허준은 중인 대우를 받았습니다. 어릴 적부터 열심히 공부하던 허준은 왕의 건강을 보살피는 어의의 자리까지 올랐습니다. 그리고 광해군의 지지를 받으며 『동의보감』을 썼습니다. 따라서 알맞게 말한 친구는 준수입니다.

❸ ㉠

『동의보감』은 중국의 의학 책들과 달리 백성들이 쉽게 병을 알고 고칠 수 있도록 쓰여진 책입니다.

❹

```
              허준
         /            \
의관으로서의 삶      『동의보감』 편찬
• 내의원에서 일함.      의학 책
• 왕의 건강을 보살피는 어의의
  자리에 오름.
```

14 허난설헌

❶ (1) 소설 (2) 우대 (3) 솜씨

> **도움말**
> (1) 허균이 최초로 한글로 된 이야기인 홍길동전을 썼다는 내용이므로, '작가가 지어내서 쓴, 이야기 형식으로 된 문학 작품.'이라는 뜻의 '소설'이 알맞습니다.
> (2) 허난설헌이 살았던 시대는 남자를 더 잘 대우했다는 내용이므로, '특별히 잘 대우함. 또는 그런 대우.'라는 뜻의 '우대'가 알맞습니다.
> (3) 허난설헌이 글재주가 뛰어났다는 내용이므로, '손을 놀려 무엇을 만들거나 어떤 일을 하는 재주.'라는 뜻의 '솜씨'가 알맞습니다.

❷ 재하

허난설헌이 살던 시기는 여자들이 자유롭게 글을 배우기 힘들었습니다.

❸ ㉡

허난설헌은 훌륭한 시를 썼지만, 당시에는 여자보다 남자를 우대하던 시대였기 때문에 그녀의 시는 높이 평가받지 못했습니다. 허난설헌이 세상을 떠난 후, 동생 허균은 누나의 시를 모아 『난설헌집』이라는 책을 만들었습니다. 허난설헌의 시에는 행복하지 못했던 결혼 생활, 가족에 대한 그리움, 아이를 잃은 슬픔이 주로 담겨 있습니다.

❹

```
      홍길동전을 쓴 허균의 누나
              허난설헌
         /            \
    뛰어난 재능        불행한 삶
• 글솜씨가 뛰어남.      • 남편의 무관심
• 서예와 그림을 배움.    • 시어머니의 구박
```

4주

15 숙종
074~077쪽

❶ (1) 균형 (2) 저주 (3) 사약

도움말

(1) 남인과 서인의 힘이 처음에는 한쪽으로 치우치지 않았다는 내용이므로, '어느 한쪽으로 기울거나 치우치지 아니하고 고른 상태.'를 뜻하는 '균형'이 알맞습니다.

(2) 장희빈이 인현 왕후에게 불행한 일이 일어나도록 빌었다는 내용이므로, '남에게 불행한 일이 일어나도록 바람. 또는 그렇게 해서 일어난 불행한 일.'을 뜻하는 '저주'가 알맞습니다.

(3) 장희빈이 약을 먹고 죽었다는 내용이므로, '먹으면 죽는 약.'을 뜻하는 '사약'이 알맞습니다.

❷ (1) X (2) ○ (3) ○

도움말

(1) 서인과 남인은 처음에는 힘의 균형을 이루었지만, 점차 사소한 일에서도 부딪치며 서로 다투었습니다.

❸ 환국, 왕권

숙종은 남인과 서인에게 한 번씩 세력을 몰아주며, 환국 정치를 통해 왕권을 강화하려고 했습니다.

❹

숙종
남인
서인
환국 정치

16 안용복
082~085쪽

❶ (1) © (2) ㉠ (3) ©

❷ © - ㉠ - ©

안용복은 마음대로 울릉도·독도로 들어온 일본인을 보고 소리치다 일본으로 끌려갔지만 이에 겁먹지 않고 당당했습니다. 이 이야기를 들은 일본 막부는 안용복에게 일본인이 울릉도·독도로 들어가지 못하도록 하겠다는 약속을 했지만, 한 사람과의 약속이라 큰 효과가 없었습니다(©). 이후 안용복은 포기하지 않고 외교관인 척 울릉도로 들어가 계속해서 일본인을 단속했습니다(㉠). 그러자 일본 막부는 일본인이 울릉도·독도로 들어가지 못하도록 하겠다는 공식적인 약속을 하였습니다(©).

❸ 민재

안용복의 계속되는 항의에 일본 막부는 공식적으로 사과하고 다시는 일본인들이 울릉도·독도에서 고기를 잡지 않겠다고 약속했습니다. 하지만 조선 정부는 안용복이 나라의 허락 없이 문제를 일으켰다며 벌을 주었습니다.

❹

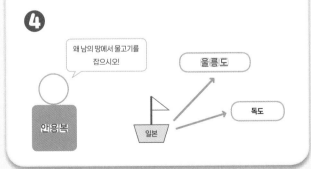

왜 남의 땅에서 물고기를 잡으시오!

안용복

울릉도

독도

일본

17 영조

086~089쪽

1 (1) ㉡ (2) ㉢ (3) ㉠

2 ①

영조는 숙종의 아들이었지만, 어머니는 무수리였습니다. 영조는 탕평책을 펼쳤지만 신하들의 갈등을 완전히 해결하지는 못했습니다. 처음에는 노론과 소론 세력을 골고루 뽑아 썼지만, 이후 자신에게 반대하는 소론 세력을 내쫓았습니다. 그리고 자신의 아들인 사도 세자가 소론과 사이가 좋다는 소문이 돌자, 사도 세자를 뒤주에 가둬 죽였습니다.

3 **탕평책, 균역법**

영조는 각 세력의 인재를 골고루 등용하는 탕평책을 실시했고, 백성들에게 걷는 옷감을 2필에서 1필로 줄인 균역법을 실시했습니다.

4

18 정조

090~093쪽

1 (1) ㉠ (2) ㉢ (3) ㉡

2 ㉣

정조가 화성을 지은 것은 왕권을 강화하고 백성의 삶을 나아지게 하려는 자신의 정치적 이상을 실현하기 위함이었습니다. 또한 아버지인 사도 세자를 기리기 위한 목적도 있었습니다.

3 ④

정조는 탕평책을 실시하여 세력에 상관없이 인재를 등용했고, 서얼도 규장각 관리로 등용하였습니다. 또한 심한 형벌을 금지시켰고, 암행어사를 보내 지방 관리들의 횡포를 막았습니다.

4

19 정약용
094~097쪽

1 (1) ⓒ (2) ⓛ (3) ㉠

2 (1) ○ (2) ○ (3) X

> **도움말**
>
> (3) 『목민심서』는 관리들이 지켜야 할 규칙을 담은 책
> 이지만, 주된 내용은 백성들의 어려운 생활을 알
> 리고 관리들의 잘못된 정치와 욕심을 비판하는
> 것이었습니다. 따라서 『목민심서』는 백성들의 입
> 장에서 쓰인 책이라고 할 수 있습니다.

3 윤정

정약용은 성리학뿐 아니라, 실제 생활에 도움이 되는 학문
인 실학도 중요하게 생각하였습니다. 정약용은 백성들을
잘살게 하려는 마음으로 조선의 여러 가지 제도를 개혁하
고자 했습니다.

4

```
                    정약용
          ┌───────────┴───────────┐
          ↓                       ↓
      거중기 개발            『목민심서』 편찬
     수원 화성 건설에         관리가 지켜야 할
        이용됨.              규칙을 담은 책
```

20 김홍도
098~101쪽

1 (1) 유명 (2) 초상화 (3) 추천

2 이나

김홍도는 정조의 명령으로 백성들의 삶을 그림에 담았습
니다. 아이들이 글공부하다가 선생님에게 혼나는 모습을
그린 그림 등이 대표적입니다.

3 풍속화

김홍도는 <서당>, <씨름도> 같이 백성들의 모습을 담은
그림들을 그렸습니다. 이처럼 백성들의 생활을 재미있게
담은 그림을 '풍속화'라고 합니다.

4

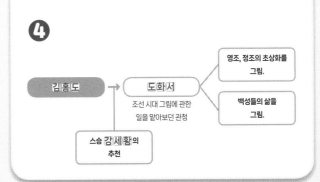

21 김정호
106~109쪽

❶ (1) © (2) ⊙ (3) ©

❷ (1) ○ (2) ○ (3) X

✏️ **도움말**

(3) 「대동여지도」 이전의 지도들은 실제와 다른 부분이 많아 백성들이 불편함을 겪었습니다. 이를 본 김정호는 실제 지형과 가까운 지도인 「대동여지도」를 만들어, 백성들의 불편함을 줄여 주었습니다.

❸ ⑤

「대동여지도」에는 산맥, 하천, 도로 등이 매우 자세하게 표시되어 있습니다. 이렇게 매우 정확한 지도였기 때문에 실생활에 도움이 되었습니다.

❹

> 내가 직접 전국을 다니며 지도를 제작하겠어!

김정호

「대동여지도」

22 흥선 대원군
110~113쪽

❶ (1) 오명 (2) 왕대비 (3) 기회

❷ ②

흥선 대원군은 서양 국가의 침략에 적극적으로 맞섰습니다. 또한 전국에 '척화비'를 세워 서양과 친하게 지내지 않겠다는 뜻을 널리 알렸습니다.

❸ ②

고종이 왕이 되자, 흥선 대원군은 왕권을 강화하고자 경복궁을 다시 지었습니다. 그리고 백성들의 세금을 줄여 주고 양반들에게 세금을 걷는 호포제를 실시했으며, 서원을 없애는 등 많은 개혁 정책을 펼쳤습니다.

❹

양반에게도 세금을 거둠. — 흥선 대원군 — 서양 국가의 침략을 막아 냄.

서원 정리 — 아들 고종 — 척화비 건립

23 전봉준
114~117쪽

❶ (1) ⓒ (2) ⓒ (3) ㉠

❷ ④

어릴 때부터 키가 작았던 전봉준은 '녹두 장군'이라고 불렸습니다. 동학에 빠진 전봉준은 고부 지역에서 동학의 지도자로 활동하였습니다. 고부 관리가 횡포를 부리자, 전봉준은 관아를 공격했고 정부는 전봉준과 그 무리들을 처벌했습니다. 전봉준이 동학 농민 운동을 일으키자, 정부는 청에 도움을 요청했고 일본도 청을 따라서 조선으로 들어왔습니다. 조선에 들어온 일본은 궁궐을 장악하고 청나라를 공격했습니다. 전봉준을 비롯한 동학 농민군은 이러한 일본을 공격했지만, 일본군의 강력한 무기 앞에 패배하고 말았습니다.

❸ 전봉준의 죽음

전봉준이 죽자 사람들은 노래를 지어 불렀습니다. '새야 새야 파랑새야'는 전봉준의 죽음을 백성들이 함께 슬퍼한다는 내용의 노래입니다.

❹

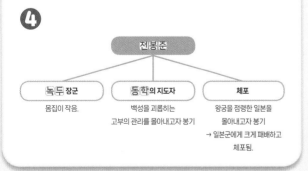

24 김대건
118~121쪽

❶ (1) ⓒ (2) ⓒ (3) ㉠

❷ 은서

천주교는 평등 사상을 내세웠기 때문에 조선 정부로부터 탄압을 받았습니다. 조선은 양반 중심의 신분제 사회였기 때문에 양반과 노비가 동등하다는 내용을 받아들일 수 없었기 때문입니다.

❸ ⓒ

천주교는 모든 사람은 평등하다는 사상을 내세웠고, 하느님을 섬기며 제사를 거부했습니다. 양반 중심의 신분제 사회이자 유교적 질서를 중요시했던 조선 시대에는 이러한 천주교를 탄압하였습니다.

❹

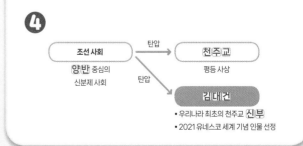

25 최제우

122~125쪽

❶ (1) ㉡ (2) ㉠ (3) ㉢

❷ (1) ○ (2) X (3) ○

도움말

(2) 정부는 동학이 나라를 어지럽힌다는 이유로 동학을 탄압하고 최제우를 사형에 처했습니다.

❸ 민정

동학을 만든 최제우가 처형당했지만, 동학의 기세는 사그라들지 않고 점점 퍼져 나갔습니다.

❹

조선 사회 ──탄압──▶ 동학
양반 중심 신분제 사회

동학
• 최제우가 창시
• 평등 사상
↓
천도교로
계승, 발전
독립운동에 적극 참여함.

memo

단꿈아이의 초등 교육 플랫폼

단꿈 e 를 소개합니다

저희 단꿈e는 다양한 과목의 흥미로운 강의와 인터렉티브 학습 도구를 통해,
초등학생들이 스스로의 학습 속도에 맞추어 창의력을 마음껏 발휘하며
즐겁게 학습할 수 있도록 돕습니다.

초3 버릇 고3 간다
단꿈 e

설민석의 초등 한국사 독해

한국사와 독해력을 한 번에 완성!

1권
우리 역사의 시작~고대

2권
통일 신라와 발해~고려

3권
조선

4권
일제 강점기~현대

설민석의 초등 한국사

우리 아이 한국사 첫걸음!
현직 초등 교사가 추천하는
초등 한국사 참고서!

어린이제품 안전 특별법에 의한 기타표시사항

제품명 도서 | 제조자명 (주)단꿈아이
제품국명 대한민국 | 사용연령 7세이상
전화번호 031-623-1145
주소 경기 성남시 분당구 판교로 242, C동 701-2호
이 제품은 KC 안전기준을 통과하였습니다